Nach der für die Leipziger Juristenfakultät bestehenden Promotionsordnung ist die Drucklegung der Dissertation keine Vorbedingung der Promotion, und die Fakultät hat die Überzeugung, daß eine Prüfungsarbeit gut und ein vollgültiges Zeugnis der wissenschaftlichen Bildung ihres Verfassers sein kann, ohne daß ihr der allgemeine Wert zukommt, welcher ihre Veröffentlichung wünschenswert macht.

Doch hat die Fakultät es stets als einen Übelstand empfunden, daß eine nicht unbedeutende Zahl von ihr approbierter Dissertationen, welche die Wissenschaft fördern, teils gar nicht zum Druck gelangen, teils ohne Bezeichnung ihrer Eigenschaft als Doktorschrift veröffentlicht worden sind. Daher ist die Einrichtung getroffen worden, daß derartige Dissertationen unter den Auspizien der Fakultät veröffentlicht werden können. Die Thätigkeit der Fakultät wird sich dabei auf die Feststellung der Druckwürdigkeit beschränken; sie übernimmt keine Verantwortung für den Inhalt im Einzelnen.

Die Arbeiten erscheinen in selbständigen Heften und sind einzeln verkäuflich.

Leipzig, im Juli 1893.

Die juristische Fakultät:

Dr. J. E. Kuntze,
d. z. Dekan.

AUSGEWÄHLTE DOKTORDISSERTATIONEN
DER
LEIPZIGER JURISTENFAKULTÄT.

DAS MOSAISCHE STRAFRECHT IN SEINER GESCHICHTLICHEN ENTWICKELUNG.

Von

Dr. iur. GERHARD FÖRSTER.

LEIPZIG,
VERLAG VON VEIT & COMP.
1900.

Bei Veröffentlichung dieser Arbeit ist es dem Verfasser Bedürfnis, Herrn Professor Dr. phil. et theol. Guthe für die gütige Unterstützung und Hilfe, mit der er ihm insbesondere in den theologischen Fragen zur Seite gestanden hat, ergebenen Dank auszusprechen.

Druck von Metzger & Wittig in Leipzig.

MEINEM TEUREN ONKEL,

HERRN DR. IUR. RUDOLF HELSSIG,

UNIVERSITÄTSBIBLIOTHEKAR ZU LEIPZIG,

IN DANKBARKEIT UND VEREHRUNG

GEWIDMET.

Inhalt.

Einleitung.

Vorliegende Arbeit behandelt das mosaische Strafrecht. Eine vollständige Aufzählung der überlieferten Rechtssätze will der Verfasser nicht geben, ebensowenig eine Geschichte und Kritik der Quellen. In dieser Hinsicht fußt die Arbeit auf den in „E. Kautzsch, Die heilige Schrift des alten Testamentes“ niedergelegten Resultaten der modernen alttestamentlichen Wissenschaft.[1] Unerwähnt bleiben ferner die politische Geschichte des Volkes und die Lehre von seinem Kultus, obgleich beide gerade bei den Israeliten mit der Rechtsgeschichte in engem Zusammenhange stehen.

Die Arbeit beschränkt sich auf eine Darstellung des Rechtes in seiner geschichtlichen Entwickelung. Sie behandelt die allgemeinen Rechtsinstitute in ihrer Entstehung und Fortbildung, führt aus, wie auch bei den Israeliten das Recht von der Friedlosigkeit und Rache ausgeht, wie letztere mehr und mehr durch die Buße abgelöst wird, und wie dann neben die Privatstrafe, siegreich vordringend, die öffentliche Strafe tritt. Es gilt schließlich festzustellen, auf welcher Entwickelungsstufe das mosaische Recht stehen geblieben ist, inwieweit ihm z. B. Begriffe wie Vorsatz, Fahrlässigkeit und Beihilfe bekannt waren.

Der Stoff, den es zu bearbeiten gilt, setzt sich in erster Linie aus den Rechtssammlungen zusammen, die sich in den Büchern Mose

---

[1] Der Verfasser hat die von Kautzsch gewählten Bezeichnungen der den 5 Büchern Mose und dem Buche Josua zu Grunde liegenden Schriften beibehalten. Sie sind in historischer Reihenfolge:

Der Jahwist (mit J abgekürzt), so genannt wegen des fast durchgängigen Gebrauchs des Gottesnamens Jahwe, in seiner jetzigen Gestalt ein auf ephraimitischer Grundlage wohl noch im neunten Jahrhundert in Juda redigiertes Geschichtswerk.

Der Elohist (mit E abgekürzt), so genannt wegen des regelmäßigen Gebrauchs des Namens Elohim für „Gott“, das mit dem Jahwisten nahe verwandte und wahrscheinlich bald nach ihm entstandene Geschichtsbuch des nördlichen Reiches.

Der Deuteronomiker (mit D abgekürzt), Verfasser des 623 v. Chr. im Tempel aufgefundenen und von Josia zum Reichsgesetz erhobenen Gesetzbuches.

Die sog. Deuteronomisten (mit Dt abgekürzt), Urheber der im Sinne und Geist des Deuteronomikers verfaßten Zusätze zum Deuteronomium selbst, sowie zum Buche Josua.

Der Priesterkodex (mit P abgekürzt), die gesetzlichen Bestimmungen über Opfer, Reinigungen u. s. w., mit einer geschichtlichen Einleitung.

Der Redaktor (mit R abgekürzt), der Urheber der teils bei der Vereinigung von J und E, teils bei der letzten Redaktion der fünf Bücher Mose und des Buches Josua gemachten Zusätze.

finden, sodann aus zahlreichen historischen Erzählungen, Volksdichtungen und Sagen des alten Testamentes, in denen sich oft Rechtsverhältnisse der ältesten Zeit wiederspiegeln.

Die von dem Verfasser benutzte und in der Arbeit herangezogene Litteratur ist folgende:

ספר תורה נביאים וכתובים

Die heilige Schrift des alten Testamentes, übersetzt und herausgegeben von E. Kautzsch. 2. Ausgabe. Freiburg und Leipzig 1896.

Wilhelm Gesenius: Hebräisches und aramäisches Wörterbuch über das alte Testament, neu bearbeitet von Dr. F. Buhl. 12. Aufl. Leipzig 1895.

Wilhelm Gesenius: Hebräische Grammatik, umgearbeitet von E. Kautzsch. 25. Aufl. Leipzig 1889.

Ed. C. Aug. Riehm: Handwörterbuch des biblischen Altertums für gebildete Bibelleser. 2. Aufl. Bielefeld und Leipzig 1894.

Lehrbuch der hebräischen Archäologie, von Dr. Wilhelm Nowack. 1. Bd.: Privat- und Staatsaltertümer. Freiberg und Leipzig 1894; vgl. besonders §§ 35 bis 61.

Hebräische Archäologie, von Dr. H. Benzinger. 1894.

Lehrbuch der alttestamentlichen Religionsgeschichte, von Dr. Rudolf Smend. Freiburg i. B. und Leipzig 1893.

Die Bundesvorstellung im alten Testamente in ihrer geschichtlichen Entwickelung, von Rich. Kraetzschmar. Marburg 1896.

Stade: Geschichte des Volkes Israel.

Stade: Beiträge zur Pentateuchkritik: „Das Kainszeichen". In der Zeitschrift für alttestamentliche Wissenschaft, herausgegeben von Dr. B. Stade. 14. Jahrgang, 1894, S. 250 fl. Gießen 1894.

J. Wellhausen: Die Komposition des Hexateuchs. Berlin 1889, S. 86 fl., 327 fl.

Prolegomena zur Geschichte Israels, von J. Wellhausen. 4. Ausgabe. Berlin 1895.

Schultz: Alttestam. Theol. I. 4. Aufl. Gött. 1888.

Michaelis: Mosaisches Recht. 2. Aufl. 6 Bde.

Saalschütz: Das mosaische Recht. Berlin 1846 und 1848, bes. S. 438 fl.

Diestel: Die religiösen Delikte im israelitischen Strafrecht. Jahrb. f. Theologie. V. (1879), S. 246—313.

Die Stellung der Israeliten und der Juden zu den Fremden, von Lic. Alfred Bertholet in Basel. Freiburg i. B. und Leipzig 1896.

Die Ältesten im alten Testament. Inauguraldissertation der philosophischen Fakultät der Universität Leipzig von Otto Seesemann. Leipzig 1895.

Allen Page Bissel: The Law of Asylum in Israel. Leipzig 1884.

K. Binding: Die Normen und ihre Übertretung. 2. Aufl. Leipzig 1890. 1. Bd. § 22. Vgl. die daselbst angeführte Litteratur und ihre Kritik.

Wilda: Das Strafrecht der Germanen. Halle 1842.

Deutsche Rechtsgeschichte, von Heinrich Brunner. Leipzig 1892.

Lehrbuch der deutschen Rechtsgeschichte, von Dr. Richard Schröder. Leipzig 1889.

Der Verfasser erlaubt sich noch darauf hinzuweisen, daß er die Anregung zu vorliegender Arbeit in dem historischen Teil der Vorlesung des Herrn Professor Dr. iur. Binding über das Gemeine deutsche Strafrecht erhalten hat.

---

§ 1. Die Rache.

Die Rache der ältesten Zeit ist bei den Israeliten eine ungemessene, ist Ausfluß der heftigsten Leidenschaft und schließt, wie bei den Germanen, die Talion aus, die sich auch späterhin nur bei einzelnen, fest bestimmten Verbrechen entwickelt.

Diesen Rechtszustand spiegelt das sog. Lamechlied wieder.

Auf Kains Vorhalt: „Wer mich irgend antrifft, wird mich totschlagen“[1] erwidert Jahwe:[2] „Ebendarum soll, wer Kain erschlägt, siebenfältiger Rache verfallen.“ Im Zusammenhange mit diesen Worten steht das Lamechlied. Es lautet:[3]

„Ada und Zilla, höret meine Rede;
Ihr Weiber Lamechs, vernehmet meinen Spruch!
Einen Mann erschlage ich für meine Wunde
Und einen Jüngling für meine Strieme.
Wird siebenfältig Kain gerächt,
So Lamech siebenundsiebzigmal!“

Die Sippe Kains und Lamechs suchen sich in der Rache zu überbieten. Erstere nimmt siebenfache, letztere aber siebenundsiebzigfache Rache für den Totschlag eines Gliedes, das ihr angehört, so daß sie sich brüsten kann, in der Rache gewaltiger zu sein und noch mehr Opfer für das ihr angethane Unrecht gefordert zu haben, als die wegen ihrer Rache so gefürchtete Sippe Kains.[4]

Die Worte: „Einen Mann erschlage ich für meine Wunde und einen Jüngling für meine Strieme“, zeigen zwar bereits die der Talion charakteristische Gegenüberstellung der verbrecherischen Handlung und der Art der Vergeltung, deuten aber im übrigen auf einen Rechtszustand, der mit dem Grundsatze der Talion schlechterdings unvereinbar ist.

---

[1] Vgl. Stade: Das Kainszeichen, S. 269. Wenn Kain klagt: „Jeder, der mich findet, wird mich töten,“ so setzt das eine zahlreiche Bevölkerung, genauer eine zahlreiche Verwandtschaft des Erschlagenen voraus, der die Pflicht obliegt, für das vergossene Blut an dem Mörder Rache zu nehmen. Vor dieser Verwandtschaft flieht Kain, vor ihrem Verlangen nach Rache wird er sichergestellt.

[2] 1. Mos. 4, 15. [3] 1. Mos. 4, 23 und 24.

[4] Vgl. Stade: Das Kainszeichen, S. 296.

Zweifellos sind Kain und Lamech als Heroes eponymi aufzufassen.[1] Es spiegeln sich sonach in der Erzählung von dem Brudermorde und in dem Lamechliede die Rechtsanschuungen des Nomadenvolkes der Keniten wieder. Von diesen Rechtsanschauungen werden aber die der nahe verwandten Israeliten zu einer Zeit, wo sie noch nicht seßhaft waren, kaum abweichen, zumal da es sich um den so einfachen Begriff der Rache handelt.

Dafür, daß die Rache Ausfluß heftigster, ungezügelter Leidenschaft ist, giebt der Feldzug Gideons ein treffliches Beispiel: Nach schweren Mühsalen und harten Kämpfen bekommt Gideon endlich Sebah und Zalmunna in seine Gewalt.[2] Von ihnen gilt es für die Männer, die sie am Thabor erschlagen haben, Genugthuung zu fordern. Möglichste Beschimpfung und Verachtung will Gideon seinen gefesselten Opfern erweisen, um seinen Haß zu befriedigen; er will sich an dem Anblicke der Unglücklichen weiden, die wehrlos vor ihm stehen in Erwartung des nahen Todes.

Simsons Rache an den Philistern kann nicht ohne Bedenken herangezogen werden. Die Philister sind nicht Volksgenossen, vielmehr Fremde und als solche ursprünglich Feinde des Volkes Gottes, sie unterstehen nicht der gleichen Rechtsordnung, zwischen ihnen und den Israeliten ist ein Rechtsverhältnis und selbst das der Rache undenkbar.[3] Aber die Worte, mit denen Simson seine Handlungsweise den Philistern gegenüber begründet:[4] „Diesmal bin ich ohne Schuld, wenn ich ihnen etwas anhänge," wie das Gebet zu Jahwe:[5] „Gieb mir das eine Mal noch Kraft, o Gott, damit ich für meine beiden Augen mit einem Schlage an den Philistern Rache nehme," weisen darauf hin, daß mehr oder weniger doch die Anschauungen der Rache auch dem Verhältnisse Simsons zu den Philistern zu Grunde liegen.

Als Simson den Brautgesellen ein Rätsel aufgiebt und sie die Lösung von seinem Weibe betrügerisch erschleichen, gerät er in großen Zorn,[6] es überkommt ihn der Geist Jahwes, er geht hinab und erschlägt 30 Mann von den Philistern. Ihnen nimmt er ab, was sie an sich haben und giebt die Festgewänder denen, die das Rätsel erraten haben. Als er den Ehebruch entdeckt, der an seinem Weibe verübt worden ist,[7] verwüstet er das Land der Philister, die nun ihrerseits Rache üben, indem sie Simsons Weib als Hure be-

[1] Vgl. Stade: Das Kainszeichen, S. 287 f.

[2] Richt. 8, 4 f.

[3] Vgl.: „Die Stellung der Israeliten und der Heiden zu den Fremden", von Lic. Alfred Bertholet.

[4] Richt. 15, 3.

[5] Richt. 16, 28.

[6] Richt. 14, 19.

[7] Richt. 15, 1 f.

handeln und sie und ihren Vater verbrennen, worauf ihnen Simson Schenkel und Hüfte zerschlägt. Nachdem es den Philistern gelungen ist, den gefährlichen Gegner durch List in ihre Gewalt zu bringen, schlagen sie ihn in Fesseln und stechen ihm die Augen aus. Doch Jahwe giebt ihm Kraft, Simson ist es vergönnt, die Schmach, die man ihm angethan hat, zu rächen.[1]

Ist das Talion, wenn Simson für eine Kränkung, die in einer Überlistung besteht, 30 Philister erschlägt und sich begnügt, die Schändung seines Weibes mit einer Verwüstung des Landes zu vergelten? Für den Verlust des Augenlichtes und die Demütigung, die darin liegt, wird das Leben von 3000 Männern und Weibern gefordert.

Abimelechs Tod entspricht nicht der von ihm verübten Schandthat.[2]

Noch in einer bei weitem jüngeren Zeit ist ein Übermaß der Rache zu besorgen. So begründet der Deuteronomiker die Einrichtung der Freistädte mit den Worten:[3] „Wer einen andern unversehens . . . tötet, . . . mag sich in eine dieser Städte flüchten, um am Leben zu bleiben, damit nicht der Bluträcher, wenn er erhitzten Gemütes ist, dem Totschläger nachsetze und ihn, weil der Weg weit ist, einhole und totschlage.“

Die altisraelitische Rache zeigt das Bestreben, dem, der Leid zugefügt hat, die überlegene Macht fühlen zu lassen, spricht von einer Freude an Gewaltthaten, einer Lust am Verwüsten und von dem Wunsche, den Gegner erniedrigt zu sehen. Dem Israeliten geht bei Ausübung der Rache der Sinn für das Ritterliche ab. Der Germane sucht den offenen, ehrlichen Kampf. „Fremd war ihnen (den Germanen),“ sagt Wilda, „eine in der Weise berechnete Rache, daß der Vollstrecker derselben sie an den wehrlos in seine Hände Gelieferten vollziehen möchte. Unverträglich mit ihr die Heimlichkeit.“ Anders die israelitische Auffassung. Wie es nicht für unehrenhaft gilt, den Feind meuchlings niederzustoßen,[4] so noch weniger

---

[1] Richt. 16, 23 f. [2] Richt. 9. [3] 5. Mos. 19. 4 f.

[4] Rechab und sein Bruder Baana dringen in das Haus Esbaals ein, und während Esbaal in seinem Schlafzimmer auf dem Bette schläft, morden sie ihn und hauen ihm den Kopf ab (2. Sam. 4, 7). — Heuchlerisch geht Joab zu Amasa und fragt (2. Sam. 20, 9): „Geht es dir gut, mein Bruder?“ Dabei faßt er ihn mit der rechten Hand am Barte, um ihn zu küssen. Amasa aber hat das Schwert nicht beachtet, das Joab in der linken Hand hält, und so stößt dieser es ihm in den Leib, so daß er seine Eingeweide zur Erde schüttet und stirbt.

Daß der Meuchelmord zur Zeit der Richter nicht für unehrenhaft angesehen wird, beweist die Geschichte Ehuds (Richt. 3). Sie wird mit den Worten eingeleitet: „Da schrieen die Israeliten zu Jahwe, und Jahwe ließ ihnen einen Retter erstehen, Ehud, . . .“ Was sonach Ehud vollbringt, thut er als Werkzeug Jahwes. Es folgt die Schilderung von Ehuds Heldenthat, die in den, an dem Rache geübt wird. „Als Abner nach Hebron zurückkam, nahm ihn Joab beiseite in einen Winkel des Thores, um vertraulich mit ihm zu reden, und stach ihm hier das Schwert in den Leib, sodaß er starb — zur Rache für das Blut seines Bruders Asahel.“[1] Als Ammon Absaloms Schwester geschändet hat,[2] ist zunächst David zur Rache verpflichtet. Da er ihr nicht nachkommt, wird sie von Absalom gefordert, der Ammon und alle königlichen Prinzen zu sich ladet und ein Gelage veranstaltet. „Dabei gab er seiner Dienerschaft den Befehl: Sehet zu, wenn Ammon vom Weine guter Dinge geworden, ist und ich euch zurufe: Haut Ammon nieder! so bringt ihn um . . . So verfuhr denn Absaloms Dienerschaft mit Ammon nach Absaloms Befehl.“

Der Israelit scheut kein Mittel, um zu dem Ziele zu kommen, List ebensowenig, wie Gewalt. Was ihn hierbei auszeichnet, ist die Energie, mit der er sein Vorhaben fest im Auge behält und ausführt. Gideon will an Sebah und Zalmunna Blutrache üben.[3] Um sie durchzuführen, bedarf es eines Feldzuges, der schwersten Anstrengungen und einer seltenen Ausdauer.

---

§ 2. Voraussetzung der Rache.

Aus dem Wesen der Rache folgt, daß sie ursprünglich, wie in ihrer Ausübung unbeschränkt, so auch an bestimmte objektive Voraussetzungen nicht gebunden ist. Es bleibt dem freien Ermessen des Verletzten und seiner Sippe überlassen, ob sie den Weg der Rache beschreiten wollen oder nicht.

Erst im Laufe der Zeit setzt sich die Gewohnheit fest, unter welchen Voraussetzungen die Rache zulässig ist. Voraussetzung ist jetzt nicht mehr jede persönliche Kränkung, sondern ein Verbrechen. Welche Handlungen sich aber als Verbrechen darstellen, entscheidet nicht das Gutdünken dessen, der sich verletzt fühlt, sondern das objektive Recht. Die Rache ist zu einem Rechtsinstitute geworden. Daß das objektive Recht als eine Macht anerkannt wird, die über den Parteien steht, geht aus den Worten hervor, mit denen Gideon sich einem Sebah und Zalmunna gegenüber legitimiert, ehe er an

einer Überlistung des Moabiterfürsten Eglon und in dem an ihm verübten Meuchelmorde besteht. Noch mehr widerspricht unserer Anschauung die That Jaels, die den befreundeten König tückisch umbringt, nachdem er im Vertrauen zu ihr in Schlaf gesunken ist. Dieser Meuchelmord wird von Debora in ihrem Siegesliede als eine That zu Ehren Jahwes besungen (Richt. 5, 24 f.).

[1] 2. Sam. 3, 27. [2] 2. Sam. 13. [3] Richt. 8.

ihnen zur Vollstreckung der Rache schreitet. Er fragt die gefesselten Fürsten:[1] „Wie waren die Männer gestaltet, die ihr am Thabor erschlagen habt?“ Sie sprachen: „Ganz wie du waren sie: jeder sah aus wie ein Königssohn!“ Er sprach: „Es waren meine Brüder, meiner Mutter Söhne. So wahr Jahwe lebt: hättet ihr sie am Leben gelassen, so wollte ich euch nicht erschlagen!“

Tief beleidigend war das Verhalten Nabals gegen David.[2] Gern hätte der stürmische Jüngling, der sich in seiner Ehre gekränkt fühlte, den Verhaßten niedergestoßen, aber er hätte einen Gewaltakt verübt, der keine rechtmäßige Rache wäre, wie denn David selbst Abigail, dem Weibe Nabals, die Versicherung giebt: „Gepriesen sei deine Klugheit und gepriesen du selbst, die mich heute davon zurückhielt, daß ich in Blutschuld geriet.“

Als Voraussetzung der Rache haben sich folgende Verbrechen herausgebildet:

1. Tötung.[3] Sie giebt das Recht und die Pflicht zur Blutrache, die dem nächsten Blutsverwandten des Erschlagenen zukommt.[4] Die Blutrache ist von Gott angeordnet. Dieses sprechen die jüngeren Quellen, vor allem der Priesterkodex, mit scharfer Betonung aus, der Gott die Worte in den Mund legt:[5] „Wer Menschenblut vergießt, deß Blut soll durch Menschen vergossen werden,“ wird aber bereits für die Zeit der Richter durch die Geschichte Abimelechs bewiesen.[6]

Als Abimelech seine Brüder, siebzig Mann, bis auf den jüngsten, Jotham, ermordet hat, ruht auf diesem die Pflicht der Blutrache, eine Pflicht, der er genügen muß, obgleich er sich gegen seinen Bruder schwach und ohnmächtig fühlt. Er fordert, um ihr nachzukommen, von den Sichemiten die Herausgabe Abimelechs, wendet alle Mittel der Beredtsamkeit auf und, als alles ohne Erfolg bleibt, spricht er über den König Abimelech und die von ihm beherrschte

---

[1] Richt. 8, 18. [2] 1. Sam. 25. [3] Michaelis, 1. Bd. § 131 f.

[4] גֹּאֵל הַדָּם = „der Bluträcher“. Weil aber das Recht der Blutrache nur dem nächsten Verwandten zusteht, bedeutet גֹּאֵל auch „nächster Verwandter“.

[5] 1. Mos. 9, 6. Es muß zunächst wunderbar erscheinen, daß es so unbestimmt heißt: „Deß Blut soll durch Menschen vergossen werden“, daß nicht vielmehr dem nächsten Blutsverwandten des Getöteten die Pflicht zur Rache auferlegt wird. Die Worte finden in der Rechtsanschauung zur Zeit des Priesterkodex ihre Erklärung. Die Rache, deren Zweck ursprünglich der war, der Sippe des Verletzten Genugthuung zu schaffen, wird jetzt Gott unterstellt. Gott fordert Vergeltung, wie er 1. Mos. 9, 5 sagt: „An einem jeden Menschen will ich das Leben des Menschen rächen.“ Der Rächer handelt nicht mehr, um sich Genugthuung zu verschaffen, sondern als Werkzeug Jahwes.

Im Einklange mit dieser Auffassung steht, daß nicht nur der nächste Blutsverwandte, sondern jeder Volksgenosse zur Tötung des Mörders verpflichtet wird.

[6] Richt. 9.

Stadt einen Fluch aus, durch den er die Vergeltung in die Hand Gottes legt. Hierauf heißt es:[1] „Da ließ Gott einen Geist der Zwietracht ... aufkommen, damit der an siebzig Söhnen Jerubbaals begangene Frevel sich räche", und am Schlusse der Erzählung: „So vergalt Gott die Frevelthat Abimelechs". Wenn Jotham die Rache Gott anheim giebt, und dieser sie für ihn ausübt, so muß Gott sie wollen. Daß er sie aber nicht nur will, sondern fordert, ergiebt sich aus 2. Sam. 21: Unter der Regierung Davids findet eine Hungersnot statt. Als David Jahwe nach dem Grunde fragt, erhält er die Antwort: „Auf Saul und seinem Hause ruht eine Blutschuld, weil er die Gibeoniten umgebracht hat". Dieses veranlaßt den König, sieben Nachkommen aus dem Hause Sauls den Verletzten zur Blutrache auszuhändigen.

Als Rechab und Baana David das Haupt seines Gegners Esbaal in der Erwartung überbringen, reichen Lohn zu erhalten, spricht David über sie das Todesurteil und läßt es sofort vollziehen.[2] Er sagt: „Sollte ich Esbaals Blut nicht von euch zurückverlangen und euch vom Erdboden vertilgen?"

Da nämlich David Michal, eine Tochter Sauls und Schwester Esbaals, zum Weibe genommen und dadurch Sauls Erbe angetreten hat, hält er sich für den, der zunächst zur Blutrache des erschlagenen Esbaal verpflichtet ist.

2. Ehebruch. Wie die Tötung, so giebt auch der Ehebruch ein Recht zur Rache, und zwar dem Ehemann des geschändeten Weibes. Die Rache richtet sich jedoch nicht gegen dieses, sondern gegen den, der die Ehe mit ihr gebrochen hat. Wird das Weib von dem hintergangenen Ehemanne getötet oder gezüchtigt, so fällt das nicht unter den Gesichtspunkt der Rache, da sie ein Gleichheitsverhältnis voraussetzt und demnach bei einem Gewaltverhältnisse, in dem die Frau zu ihrem Manne steht, undenkbar ist.

3. Diebstahl. Daß der Diebstahl ursprünglich die Rache und erst später die Buße zur Folge hat, erhellt aus mehreren Überlieferungen, die zwar aus einer Zeit stammen, in der die willkürliche Rache durch eine feste Buße verdrängt worden ist, sich aber begrifflich wie zeitlich noch als Vorstufe der letzteren erkennen läßt.

Nachdem Nathan dem Könige David in einem Gleichnisse erzählt hat, daß ein Reicher dem Armen das einzige Lamm genommen, sagt der König zu dem Propheten:[3] „So wahr Jahwe lebt,

---

[1] Richt. 9, 23 f. [2] 2. Sam. 4.

[3] 2. Sam. 12, 5. Die von Kautzsch gegebene Übersetzung „Der Mann ist ein Kind des Todes und das Lamm muß er erstatten" ist sprachlich richtig, aber unverständlich. Statt des „und" (ו) muß es „oder" (אוֹ) heißen, wie in 1. Kön. 20, 39, wo es heißt: „Bewache diesen Mann, würde er dennoch ver-

der Mann, der das gethan hat, ist ein Kind des Todes, oder das Lamm muß er siebenfältig erstatten dafür, daß er eine solche That begangen und kein Erbarmen geübt hat".

Steht die Buße neben der Rache, so läßt sich a priori annehmen, daß es eine Zeit der Rache allein gegeben hat.

Als die Brüder Josephs im Verdachte des Diebstahls stehen, geloben sie:[1] „Derjenige, bei dem sich der Becher findet, der soll sterben". Mit diesen Worten wird dem Hausmeister das Recht eingeräumt, für den Fall, daß ein Diebstahl vorliegt, sich unbeschränkt an den Schuldigen zu halten.

Die zugesicherte Tötung stellt die ältere und strengere, die Erwiderung des Hausmeisters „Der, bei dem der Becher sich findet, soll mein Sklave werden" die jüngere und mildere Form der Rache dar.[2]

Laban, der den entwendeten Teraphim sucht, wird von Jakob das Versprechen gegeben:[3] „Derjenige, bei dem du deinen Gott findest, soll nicht am Leben bleiben".

Die Strafe, die dem Schuldigen in Aussicht gestellt wird, ist Rache des Verletzten.

4. Verbrechen wider das später sogenannte zehnte Gebot.[4] Richt. 19 u. 20. Nach der in Gibea verübten Schandthat fordern der Verletzte und sein Stamm in der Darstellung, die uns vorliegt, mit Hilfe der vereinten Israeliten von dem Stamme Benjamin die Herausgabe der Schuldigen, und zwar nach der jüngeren Auffassung, um die nichtswürdigen Menschen umzubringen und das Böse aus Israel wegzutilgen, nach dem geschichtlichen Vorgange aber, der dieser Erzählung zu Grunde liegt, um an den Schuldigen Rache zu nehmen.

5. Notzucht, die als eine Art Übertretung des zehnten Gebotes aufzufassen ist. Vgl. unten § 30.

Zur Rache ist der nächste Blutsverwandte der Geschändeten verpflichtet.

Als Ammon seine Halbschwester Thamar gemißhandelt hat, ruht die Pflicht zur Vergeltung dieses Verbrechens zunächst auf David.[5] Erst als er ihr nicht nachkommt, greift Thamars Bruder

nichtet werden, so soll dein Leben für das seinige haften, oder du mußt ein Talent Silbers darwägen."

[1] 1. Mos. 44, 9.

[2] Wahrscheinlich ist, daß 1. Mos. 44, 10 im Zusammenhange mit 2. Mos. 22, 2 steht.

[3] 1. Mos. 31, 32.

[4] Der Verfasser hat sich der Kürze wegen dieses Ausdrucks bedient. Vgl. unten § 30.

[5] 2. Sam. 13, 21.

Absalom zur Rache, die nunmehr als eine rechtmäßige angesehen werden muß.[1]

Als Jakob der gleichen Pflicht nicht genügt,[2] geht sie auf seine Söhne über, die gegen seinen Willen Sichem überlisten und ihm auf seinen Vorhalt erwidern: „Durfte er unsere Schwester wie eine Hure behandeln?"

6. Verbrechen wider den König. Der König genießt einen erhöhten Strafschutz, der ihm aber nicht als dem Träger der Volkshoheit zukommt, — soweit ist der Begriff des Königtums noch nicht entwickelt, — sondern ihm in seiner persönlichen Eigenschaft als dem Gesalbten Jahwes zuerkannt wird. Ein Angriff auf seine Person erscheint noch nicht als Angriff auf den Staat. Der König allein ist zur Vergeltung berechtigt. Seine Strafe ist Rache,[3] und der Verzicht auf sie nicht Begnadigung.

David schwört Simei, der ihm geflucht hat:[4] „Du sollst nicht sterben!" Läge öffentliche Strafe vor, so müßte dieser Schwur absolut wirken, es wäre ein Fall der Begnadigung. Nicht so bei der Rache, auf die David nur für seine Person verzichten kann. Mit seinem Verzichte geht die Pflicht zur Rache auf den nächsten Blutsverwandten Salomo über, der denn auch nach Davids Tode die Rache vollzieht.

Als Verbrechen dieser Art sind hervorzuheben:

a) der Angriff auf das Leben des Königs,[5]
b) das Aussprechen eines Fluches über den König,[6]
c) die Empörung, d. h. jede auf den Sturz des Königs gerichtete Handlung.[7]

---

§ 3. **Die Talion.**[8]

Wie die Rache in ihren Voraussetzungen ursprünglich unbeschränkt ist, so auch die Art ihrer Ausübung. Hier wie dort bildet

---

[1] 2. Sam. 14, 32. [2] 1. Mos. 34.

[3] Ein Beweis dafür, daß es sich um Rache und nicht um Strafe handelt, muß auch darin gesehen werden, daß der Verbrecher durch das Schwert getötet wird. Vgl. Nowack § 61: „Die Tötung durch das Schwert findet sich als Vollziehung der vom Gerichte erkannten Todesstrafe nicht, sie kam persönlich bei der Blutrache zum Vollzug, ebenso bei den von dem Könige verhängten Todesurteilen." 1. Sam. 22, 17 f.; 2. Sam. 1, 15; 4, 12; 1. Kön. 2, 25 f.; Jer. 26, 23; vgl. 5. Mos. 13, 13 f. Sämtliche Stellen enthalten Fälle, bei denen es sich nicht um eigentlich richterliche Urteile handelt.

[4] 1. Kön. 2, 8. [5] 1. Sam. 24, 7; 26, 11, 23; 2. Sam. 1, 15 f.

[6] 2. Sam. 16, 5 f.; 19, 22; 1. Kön. 21, 10; 2, 8.

[7] 1. Sam. 22, 17; 2. Sam. 15.

[8] Vgl. Michaelis, 5. Bd. § 210 f. Saalschütz, Kap. 57.

das Gewohnheitsrecht erst im Laufe der Zeit feste Satzungen aus. Wird bei den Germanen in erster Linie das Erfordernis der Öffentlichkeit aufgestellt, so dienen bei den Israeliten die Grundsätze der Talion dem gleichen Zwecke, einer willkürlichen Rache vorzubeugen.

Die Rache ruht auf natürlicher Grundlage und erklärt sich aus dem Verlangen, angethanes Unrecht zu vergelten. Erst mit Fortschreiten der Kultur beginnt ein Volk über das, was bei ihm von Alters her Rechtens ist, nachzudenken. Es kommt zu festen Anschauungen, auf deren Grundlage das Recht weiter entwickelt wird. So verdankt die Talion als Rechtsinstitut[1] nicht dem natürlichen Triebe ihre Entstehung, — denn so lange ein Trieb natürlich ist, kennt er keine Schranken, — sondern ist ein Erzeugnis gewisser rechtlicher Reflexionen und des Strebens, ein gerechtes Verhältnis der vergeltenden Handlung zu dem Verbrechen zu finden. Drei Entwicklungsstufen sind hierbei zu unterscheiden:

1. Man erkennt in dem Verbrechen die Berechtigung zur Rache.

2. Diese Erkenntnis muß dahin führen, die Rache ihrer Intensität nach dem Verbrechen anzupassen. Wie das Verbrechen Voraussetzung der Rache ist, so sieht man jetzt in ihm auch das Moment, durch das ihre Ausdehnung bestimmt wird.[2]

3. Der Wunsch, das Maß der vergeltenden Handlung sinnlich faßbar zu bestimmen, macht es erklärlich, daß man sie auch ihrer Form nach dem Verbrechen anzupassen sucht, was zu dem Grundsatze der Talion führt.[3]

Auf der ersten Entwicklungsstufe steht die Äußerung Simsons:[4] „Wie sie mit mir verfahren sind, so verfuhr ich mit ihnen.“ Sie findet sich in der Heldengeschichte, also in einer der älteren Quellen.

---

[1] Es soll nicht geleugnet werden, daß die Talion schon in ältester Zeit gehandhabt worden ist, es ist aber ein Unterschied, ob sie Ausfluß persönlicher Laune ist, oder Rechtsnorm.

[2] Der Vergeltungsgedanke läßt sich in folgenden Worten ausdrücken: So viel Leid du mir angethan hast, so viel will ich dir zufügen. Stellt man die Erwiderung angethanen Unrechts als Prinzip hin, so ist es naheliegend, daß andererseits die Moral fordert, daß auch das Gute vergolten werde. Diese Forderung wird in Israel besonders hervorgehoben. Vgl. 2. Sam. 9 und 10 bes. V. 2. Zuerst läßt sich der Vergeltungsgedanke bei der gewiß seit Alters her üblichen Blutrache nachweisen. גאל = einlösen, daher גָּאַל הַדָּם = das Blut wiederfordern, d. h. rächen.

[3] Riehm (Strafrecht): „Eine volle Wahrung der Autorität der Rechtsordnung ist die Strafe nur, wenn in ihr eine möglichst volle Genugthuung für deren Verletzung liegt, wenn sie also dem begangenen Frevel möglichst entspricht; dem Verbrecher soll sein Frevel vergolten werden, seine Schuld selbst soll durch die Bestrafung gleichsam auf sein Haupt kommen. Eine Anwendung dieses Grundsatzes der Wiedervergeltung ist auch das sog. jus talionis“.

[4] Richt. 15, 11.

Will man den Inhalt des Satzes so verstehen, wie ihn der Lateiner mit talis qualis wiedergeben würde, so müßte man bei der Verschiedenartigkeit des Unrechtes, das Simson zugefügt wird, und der Rache, die er nimmt, die Worte als einen wenig sagenden Zusatz jüngerer Rechtsanschauung fassen. Es ist daher das כאשר richtiger Auslegung nach im Wesentlichen kausal. Simson will nicht mehr, als die Gewaltthaten, die er an den Philistern verübt hat, rechtfertigen; er giebt ihnen den rechtlichen Grund dadurch, daß er auf das ihm angethane Unrecht hinweist.

Auf der nächstfolgenden Stufe stehen die Worte: „Damit man mit Gibea in Benjamin ganz so verfahre, wie die Schandthat verdient, die es in Israel verübt hat".[1] Obwohl der erste Teil des Verses unverkennbar von dem Priesterkodex herrührt, so kaum der zweite. Der Vernichtungskrieg gegen Gibea hat nicht den Charakter der Talion. Es wird lediglich das Maß, nicht die Form der Strafe zu dem Verbrechen in Beziehung gesetzt. Das Verbrechen ist so schwer, daß es diese strenge Exekution fordert.

Nur bei bestimmten Verbrechen bildet sich der Grundsatz der Talion aus. Zu ihnen gehören:

1. Die Körperverletzung. Schon die Gebote des Bundesbuchs,[2] sowie jüngere Quellen[3] geben hier feste Satzungen. „Geschieht aber ein Schaden, so soll einer lassen . . . Auge um Auge, Zahn um Zahn, Hand um Hand, Fuß um Fuß; Brandwunde um Brandwunde, Stichwunde um Stichwunde, Hiebwunde um Hiebwunde; Bruch um Bruch. Wenn[4] jemand seinem Nächsten einen Leibesschaden zufügt, dem soll man thun, wie er gethan hat".

2. Die Tötung. „Geschieht aber ein Schaden, so soll einer lassen Leben um Leben."[5] . . . „Wer Menschenblut vergießt, deß Blut soll durch Menschen vergossen werden".[6]

3. Gewisse Fälle der Sachbeschädigung. „Wenn jemand seinen Acker oder Weinberg beweiden, sein Vieh aber frei laufen läßt, und dieses auf einem fremden Acker etwas frißt, so soll er von dem seinigen, entsprechend dem Ertrage desselben, Ersatz leisten; wenn es aber den ganzen Acker abweidet, soll er das Beste von dem Ertrage seines Ackers oder Weinbergs als Ersatz ent-

---

[1] Richt. 20, 10. [2] 2. Mos. 21, 24 und 25.
[3] 5. Mos. 19, 21; 3. Mos. 24, 20. [4] 3. Mos. 24, 19.
[5] 2. Mos. 21, 23; 3. Mos. 24, 18 und 21.
[6] 1. Mos. 9, 6. Die Tötung ist die natürlichste und älteste Form der Rache und hat als Rache bestanden, lange bevor sich der Gedanke der Talion entwickelt hat. Der Satz: „Wer Menschenblut vergießt, deß Blut soll durch Menschen vergossen werden" stellt sich als eine künstliche Ausdehnung der Talion dar.

richten."[1] Es handelt sich hier nicht um Schadensersatz allein, da nicht nur dem Geschädigten Ersatz geboten, sondern auch dem, der den Schaden verursacht hat, ein gleichartiger Schaden zugefügt werden soll.

4. Die falsche Anklage. „Stellt es sich heraus, daß der Zeuge ein lügenhafter Zeuge war, daß er Lügen gegen seinen Volksgenossen ausgesagt hat, so sollt ihr über ihn verhängen, was er über seinen Volksgenossen zu bringen gedachte, und sollst so das Böse aus deiner Mitte hinwegtilgen."[2]

Die künstliche Ausdehnung der Talion auf die Tötung und falsche Anklage, auf letztere erst zu einer Zeit, wo das Recht ganz dem Einflusse des Priestertums untersteht, ferner die Äußerung des Priesterkodex: „So wahr ich lebe, ist der Spruch Jahwes, ganz so, wie ihr es laut vor mir ausgesprochen habt, will ich mit euch verfahren",[3] beweisen, daß der Grundsatz der Talion in den Dienst der Lehre des Priestertums gestellt worden ist, ein Umstand, durch den die Behauptung, die Talion sei als Ausfluß des Strebens nach gerechter Vergeltung aufzufassen und stelle sich als eine rechtliche Schranke der Rache dar, gerechtfertigt wird. Daß die Talion kalter, überlegter Grausamkeit entsprungen ist, wird a priori angenommen, kann aber aus den überlieferten Quellen nicht nachgewiesen werden.

---

§ 4. Die Friedlosigkeit.

Einleitung.

Ein gemeinsames Wirken und Zusammenleben der Menschen erweist sich als eine der notwendigsten Bedingungen für ein gedeihliches Leben auf Erden.

Der Mensch, auf sich selbst angewiesen, ist hilflos und ohne Schutz, er muß verhungern, ist eine Beute wilder Tiere oder ein Opfer feindlicher Scharen. Wie lebhaft dem Volke Israel das Los solch eines Unglücklichen vor Augen gestanden, zeigt die ergreifende Schilderung einer Hagar, die in der Öde der Wüste verzweifelt zu Gott fleht,[4] und beweisen die Worte, mit denen Hiob sein schweres Schicksal mit dem eines Friedlosen vergleicht:[5]

---

[1] 2. Mos. 22, 4.
[2] 5. Mos. 19, 18 und 19.
[3] 4. Mos. 14, 28.
[4] 1. Mos. 21, 14 f.
[5] Hiob 30, 3—8. Vgl. die gleichartige Schilderung eines Griechen (Die Eumeniden, Äschylos, übersetzt von Donner). Apollon sagt zu dem von den Eumeniden verfolgten Orestes:

2*

„Durch Mangel und durch Hunger ausgedörrt, benagen sie dürres Land, das . . . der Wüste und Öde,

(sie), die Melde pflücken am Gesträuch und deren Speise Ginsterwurzeln sind.

Aus der (Menschen) Mitte werden sie fortgetrieben; man schreit über sie, wie über einen Dieb.

In schauerlichen Schluchten müssen sie wohnen, in Erdlöchern und Felsenhöhlen.

Zwischen den Sträuchern brüllen sie, unter den Nesseln thun sie sich zusammen;

eine ruchlose und ehrlose Brut wurden sie hinausgepeitscht aus dem Lande.“

Seit Anfang der Geschichte treten uns feste, geschlossene Gemeinschaften entgegen. So verschiedenartig sie sein können, ihnen allen ist ein „Friede“ wesentlich, der ihre Glieder umschließt und ihnen Schutz und Sicherheit giebt. Andererseits wird aber als unumgängliche Voraussetzung von dem Einzelnen gefordert, daß er sich der allgemeinen Friedensordnung unterwirft.

Hervorzuheben sind:

I. Die Gemeinschaft der Familie als die älteste und natürlichste. — Zeit der Patriarchalverfassung.

II. Wird ein Volk seßhaft, so bildet sich eine zweite Gemeinschaft aus, die in der örtlichen Zusammengehörigkeit ihre Grundlage hat, die der Gemeinde.

III. Die Gemeinschaft des Staates und Volkes.

Es kann nun das Glied einer dieser Gemeinschaften sich einer Rechtsverletzung gegen ein Glied derselben oder einer anderen Gemeinschaft schuldig machen. Im ersten Falle ist der Friede der eigenen Gemeinschaft gebrochen. Wer ihn aufrecht erhält (das Stammhaupt, die Ältesten), muß das unlautere Glied um des Friedens willen ausstoßen, erklärt es für rechtlos und giebt es dadurch der Rache des unmittelbar Verletzten preis. Im zweiten Falle ist ein doppeltes möglich:

„Doch fliehe nur vor ihnen, darfst nicht lässig sein,
Denn über Festlands Weiten treibt dich diese Schar
In ruheloser Irre durch die Erde hin
Und über Meer und meerumrauschtes Inselland.
Auf dieser Mühen banger Fahrt ermatte nicht
Zu frühe. Wenn du hingelangst in Pallas Burg,
So sitze nieder und umschling ihr altes Bild.“

Der Germane verglich den Friedlosen mit einem „Wolf“ oder „Waldgänger“. — Wüste, Meer, Wald.

a) Die Gemeinschaft entzieht dem Schuldigen ihren Schutz, damit sich der Verletzte an den Friedlosen halten kann.
b) Sie sagt sich nicht los. Hier ist ein Feindschaftsverhältnis zwischen ihr und der Gemeinschaft des Verletzten eine natürliche Folge.

Sind die angeführten Wirkungen der Friedlosigkeit bei einem Verbrechen ungetrübt nur zur Zeit der Patriarchalverfassung zu finden, so können doch zahlreiche Erscheinungen des jüngeren israelitischen Strafrechtes nur durch sie eine Erklärung finden.

§ 5. Ausstoßung aus der Familie.

Israel bildet in Palästina zunächst noch keinen Staat,[1] vielmehr stehen Stämme, Geschlechter und Familien unabhängig neben einander, an ihrer Spitze je ein Stamm-, Geschlechts- und Familienhaupt. Nur in schwerster Bedrängnis findet unter der kräftigen Hand eines „Richters“ eine, wenn auch meist nur vorübergehende und teilweise Einigung statt. Wir stehen in der Zeit der Patriarchalverfassung.

Patriarch ist der rechtlich unbeschränkte Machthaber über eine Familie (Familie im römisch rechtlichen Sinne verstanden). Sie umfaßt sowohl die Familienglieder, wie auch das Dienst- und Heergefolge.[2] Die Gewalt ist eine unbeschränkte, denn ihr Inhaber kann sie je nach Willen und Kraft erweitern und beschränken. So ist die Gewalt Abrahams, der mit seinen Knechten zur Befreiung Lots auszieht, sein Weib Hagar verstößt und Isaak zu opfern gedenkt, eine weitergehende, als die Jakobs, der es nicht wagt, die Schändung der Dina an den Sichemiten zu rächen,[3] der lieber den Weg der Klugheit und List, als den der Gewalt einschlägt.

Fehlen den Unterworfenen rechtliche Garantien, die sie vor Übergriffen schützen, so ist doch der Gewalthaber thatsächlich beschränkt. Bei unkultivierten Völkern tritt die Sitte und Religion vielfach an Stelle des Rechtes. Die Furcht vor der strafenden Gottheit hält den mächtigsten Familienfürsten vor Übergriffen zurück. Um nicht der Sitte zuwider zu handeln, giebt Abraham seinem

[1] Vgl. Nowack, 1. Bd. § 55: Die Verfassung der vorköniglichen Zeit.

[2] 1. Mos. 13, 1, 2, 7; 14, 14. Es wird von 318 erprobten Leuten, die in Abrahams Hause geboren sind und mit Abraham in den Kampf ausrücken, berichtet. Vgl. 1. Mos. 14, 17.

[3] 1. Mos. 34, 30.

Sohne kein kanaanitisches Weib,[1] und so schmerzlich es Isaak ist, sieht er sich an den Segen, den er Jakob erteilt hat, gebunden.

Als Ausfluß der Familiengewalt ist die Strafgewalt des Familienhauptes aufzufassen.[2] Sie übt z. B. Juda über Thamar aus.[3] Daß der Patriarch von der Ausstoßung Gebrauch gemacht hat, erhellt aus der Vertreibung Hagars, die freilich nicht als ein Akt der Strafe erscheint, sondern in der Absicht erfolgt ist, Isaak allein das Erbrecht zu verschaffen; und daß die Ausstoßung als Strafe üblich gewesen ist, beweist die Vertreibung der ersten Menschen aus dem Paradiese und der über Kain gesprochene Fluch. Die Gedanken, die beiden Erzählungen zu Grunde liegen, können nur bestimmten realen Verhältnissen entsprungen sein, ist doch die Dichtung keines Volkes so reich an Einbildungskraft, daß sie nicht mehr oder weniger thatsächlichen Vorgängen entnommen wird.

Das Paradies ist der Garten, in dem Jahwe in der Abendkühle wandelt;[4] es ist sein Bereich, in dem er eigenhändig schaltet und waltet. Der Garten liegt in Eden, Eden heißt liebreich. Er ist reich an Schätzen[5] und allerlei Bäumen, die lieblich anzusehen, und deren Früchte wohlschmeckend sind.[6] Wer in diesem Garten lebt, untersteht Jahwes Fürsorge, kennt nicht Durst noch Hunger, und fremd sind ihm Schmerz und Angst. Er untersteht aber auch Jahwes Frieden. Das Paradies ist die Stätte des Friedens. In ihr ist kein Zwist noch Streit; Menschen und Tiere leben einträchtig nebeneinander. Friedensträger ist Jahwe. Er ist der Herr über den Garten, weist seinen Bewohnern Aufgabe und Bestimmung zu. Der Mensch hat den Garten zu bebauen[7] und zu bewachen und soll jedes Tier mit einem Namen belegen.[8] Wer dem Frieden untersteht, ist an die Friedensordnung gebunden. Wer sie bricht, geht des Friedens verlustig. Adam hat sie gebrochen. Er fällt in Unfrieden. Ihm entzieht sich Jahwes unmittelbare Fürsorge und der Schutz des Paradieses. Er wird aus dem Bereiche des Gartens gestoßen,[9] vor dem sich Kerube lagern, die mit gezücktem Schwerte Wache halten.[10] Adam darf sich Eden nicht nahen, er würde als Feind des Friedens, der das Paradies umschließt, dem Schwerte zum Opfer fallen. So muß

[1] 1. Mos. 24, 1f.

[2] Vgl. Nowack, 1. Bd. § 58. Das Gericht: Die Gerichtsbarkeit über die Mitglieder einer Familie lag in der ältesten Zeit in den Händen des Familienoberhauptes. 1. Mos. 38, 24f.; 31, 32; vgl. 5. Mos. 21, 18f. Die Familie schützte den Einzelnen in seinem Rechte, sie nahm Rache für das Unrecht, das ihm widerfahren war.

[3] 1. Mos. 38, 24; vgl. auch 1. Mos. 27, 45.

[4] 1. Mos. 3, 8. [5] 1. Mos. 2, 12. [6] 1. Mos. 2, 9.

[7] 1. Mos. 2, 5. [8] 1. Mos. 2, 19. [9] 1. Mos. 3, 23.

[10] 1. Mos. 3, 24.

er, auf sich und seine Kraft angewiesen, ein neues sorgenvolles Leben beginnen. Hier wird in die Erzählung ein neuer Gedanke eingefügt, der sich in schroffen Gegensatz zu dem Wesen der Friedlosigkeit stellt. Anstatt daß Adam nach der Vertreibung aus dem Paradiese heimatlos und unstät umherirrt, wird er seßhaft und bebaut das Land, die Adama, worunter der Kulturboden zu verstehen ist.[1] Ist diese Eigenschaft der Heimatlosigkeit, die der Friedlosigkeit so wesentlich ist, der Geschichte vom Sündenfalle verloren gegangen, so tritt sie uns um so anschaulicher in dem Fluche vor Augen, der von Gott über den Brudermörder Kain gesprochen wird.

Kain muß hinweg von dem Ackerlande, das er bebaut und das ihm Ertrag und Unterhalt gegeben hat,[2] aus seiner Heimat muß er fliehen, denn sie hat ihm den Frieden entzogen, und nur zu bald würde der Bluträcher Hand an ihn legen. Ihn treibt die Angst fort, er irrt unstät und flüchtig umher und findet nirgends ein Heim. Wo er hinkommt, ist er schutz- und rechtlos, jeder kann ihn erschlagen[3] ungerächt.[4]

---

[1] Die ursprüngliche, schlichte Darstellung von einem Diebstahle, einem Rechtsbruche im Paradiese, der Stätte des Friedens, und von der Verstoßung aus der Friedensgemeinschaft, eine Verstoßung, die als Folge des Friedensbruches gefaßt wird, ist von jüngeren, religiös-philosophischen Betrachtungen und Anschauungen durchsetzt. Die Erzählung vom Sündenfalle wird benutzt, um darauf hinzuweisen, daß das Bebauen des Landes (Palästina) und damit der Übergang vom Nomadenleben zur Seßhaftigkeit von Gott gewollt und von ihm als ewige Ordnung den Menschen anbefohlen ist. Die ältere Fassung, die sich mehr als eine dichterische Erzählung darstellt, hat sich in den Worten 1. Mos. 3, 24 erhalten: „Da trieb er den Menschen aus und ließ östlich vom Garten Eden die Kerube sich lagern und die Flamme des zuckenden Schwertes, zu bewachen den Weg zum Baume des Lebens.“ Dagegen heißt es in dem vorhergehenden Verse: „Da entfernte ihn Jahwe Gott aus dem Garten Eden, damit er den Boden bebaue, dem er entnommen war.“

[2] 1. Mos. 4, 14: „Du treibst mich jetzt hinweg vom Ackerlande, und vor deinem Angesichte muß ich mich verbergen.“ Adama ist das Land Palästina, aus dem Kain flieht. Die Vertreibung von der Adama hat zur notwendigen Folge, daß Kain sich vor Jahwes Antlitz verbergen muß, d. h. vor ihm sich nicht sehen lassen kann. Jahwes Antlitz sieht, wer an der Kultstätte erscheint, dort Jahwe besucht, um ihm seine Verehrung darzubringen. Kultstätten finden sich aber nur im Lande Palästina. Außerhalb Palästinas ist kein Kult Jahwes, ist unreine Adama (Am. 7, 17). Vgl. Stade, Beiträge zur Pentateuchkritik: Das Kainszeichen, S. 256.

[3] Wenn Kain klagt (1. Mos. 4, 14): „Wer mich irgend antrifft, wird mich totschlagen“, so setzt das eine zahlreiche Bevölkerung, genauer eine zahlreiche Verwandtschaft des Erschlagenen voraus, der die Pflicht obliegt, für das vergossene Blut an dem Mörder Rache zu nehmen. Vor dieser Verwandtschaft flieht Kain, vor ihrem Verlangen nach Rache wird er sichergestellt. Stade, Das Kainszeichen, S. 269.

[4] Die Worte Jahwes 1. Mos. 4, 15: „Ebendarum soll, wer Kain erschlägt,

Wie Gott einem Adam den Frieden genommen hat, so droht er ihn jedem Israeliten von neuem zu nehmen, der seine Friedensordnung bricht und Sünde thut. Er sagt 2. Mos. 32, 33: „Wer irgend sich gegen mich verfehlt, den streiche ich aus meinem Buche". Gott gedenkt dessen, der in seinem Buche eingetragen ist, schenkt ihm Schutz und Fürsorge. Wer in ihm gestrichen ist, der ist aus dem Bereiche des Friedens gestoßen, ist ohne Gott und wird ein Opfer feindlicher Mächte.

Jahwe hat mit seinem Volke einen Bund geschlossen,[1] will sein Gott sein und verpflichtet sich, es in das gelobte Land zu führen (Wolkensäule).[2] Er sorgt allezeit für Israel (Manna, Wachteln, Wasser aus dem Felsen)[3] und beschützt es gegen Feinde (Amalekiter).[4] „Wenn ihr nun auf mich hören und die von mir festgesetzten Ordnungen beachten wollt, so sollt ihr unter allen Völkern mein Eigentum sein"[5] sind Worte, die zwar aus jüngerer Zeit stammen, aber im Sinne des Jahwisten verfaßt sind, der sich 2. Mos. 34, 9 eines gleichen Ausdruckes bedient: „Verzeihe uns unsere Missethaten und Sünden, und mache uns zu deinem Eigentum!"[6] Wer an einer Sache Eigentum hat, ist Herr über sie, sorgt für ihre Erhaltung, und behütet sie vor schädlichen Einflüssen. Er fordert von dem Genugthuung, der sich unberechtigt an ihr vergreift. Andererseits ist das Volk Israel als Eigentum Gottes verpflichtet, sich dem Schutze und der Leitung Jahwes anzuvertrauen und den Geboten unbedingt zu gehorchen. Handelt es ihnen zuwider, so ist der Bund gelöst, und die gegenseitigen Beziehungen hören auf. Diese furchtbare Wirkung wird durch die schlichten Worte zum Ausdruck gebracht:[7] „Da entbrannte der Zorn Moses, so daß er die Tafeln wegwarf und sie am Fuße des Berges zerschmetterte".

Wie an einer entäußerten Sache sich jeder ungestraft vergreifen kann, so ist auch das von Jahwe verlassene Israel der Vernichtung

---

siebenfältiger Rache verfallen" und das Kain aufgedrückte Mal enthalten einen Hinweis auf das sog. Kainszeichen und auf das Rechtsverhältnis der Israeliten zu den Keniten. Stade sagt (S. 299): „Ist Kain der Repräsentant des Stammes der Keniten, ist er, der unstäte, aus Jahwes Land verwiesene Brudermörder, ein Abbild des in der Wüste an den Grenzen des heiligen Landes nomadisierenden alten Völkchens, so werden wir auch im Kainszeichen ein Zeichen zu erblicken haben, das den kenitischen Nomaden eigentümlich war, sie als Keniten kennzeichnete".

[1] 2. Mos. 19 f. Vgl. Die Bundesvorstellung im Alten Testament in ihrer geschichtlichen Entwickelung, untersucht und dargestellt von Richard Kraetzschmar, Marburg 1896.

[2] 2. Mos. 13, 21 f.; 14, 19 f. [3] 2. Mos. 15, 22 bis 17, 7. [4] 2. Mos. 17, 8 f.

[5] 2. Mos. 19, 5. הָיָה לְ = „jemandem sein, angehören".

[6] וּנְחַלְתָּנוּ von נָחַל = „zum Besitze erhalten, als Eigentum nehmen".

[7] 2. Mos. 32, 19 (J).

preisgegeben. Niemand, der es beschirmt und die Unbill, die man ihm anthut, rächt: „Zu dieser Zeit aber wird mein Zorn über sie entbrennen, und ich werde sie im Stiche lassen und mein Angesicht vor ihnen verbergen, und es wird der Vertilgung anheimfallen, und viele Übel und Drangsale werden es treffen“.[1] „Zieht nicht hinauf, denn Jahwe ist nicht in eurer Mitte; ihr werdet sonst geschlagen werden und fliehen müssen vor euren Feinden.“[2]

Wie der erste Mensch durch die Verstoßung aus dem Paradiese in ein Leben voll Mühe und Schmerzen tritt, so bricht über das ungehorsame und daher von Jahwe verlassene Volk das Verderben herein; es ist ohne Recht und Schutz, ist friedlos.

Läßt sich aus dem bisher Gesagten nur mittelbar auf die Friedloserklärung schließen, so scheint sie selbst, leider etwas verdunkelt, uns in der bewußt aufgebauschten Erzählung von dem Vernichtungskriege gegen den Stamm Benjamin entgegenzutreten.[3] Nach dem Verbrechen in Gibea ziehen die vereinten Israeliten heran und entsenden „Leute im ganzen Stamme Benjamin umher mit der Botschaft: ‚So gebt nun die nichtswürdigen Menschen in Gibea heraus, daß wir sie umbringen‘. . . .“[4] Die Darstellung trägt deutlich die Spuren einer jüngeren Zeit, in der die Patriarchalverfassung durch die Gemeindeverfassung verdrängt ist. Nach dem historischen Vorgange wird die Aufforderung zur Auslieferung an das Stammhaupt ergangen sein. Nur dann, wenn der Stamm Benjamin eine geschlossene Rechtsgemeinschaft bildet, kann er für das Verbrechen verantwortlich gemacht werden, dessen sich seine Glieder haben zu Schulden kommen lassen.

Die Auslieferung ist mit Ausstoßung gleichbedeutend, sie soll erfolgen, damit die Verletzten von den Schuldigen Genugthuung fordern können.[5] Der Stamm Benjamin verweigert die Friedloserklärung. Er nimmt die Verschuldung seiner Leute auf sich. Der Rachekrieg, der den Charakter einer Fehde trägt, erweist sich als unumgänglich.

Jakob versichert Laban:[6] „Derjenige, bei dem du deinen Gott findest, soll nicht am Leben bleiben“. Daß Jakob eine Strafe bestimmt, sie nicht als Ausfluß der Rache Laban überläßt, scheint dem Grundsatze der Rache und Friedlosigkeit zu widersprechen. Die Lösung giebt der Jahwist in der Darstellung eines ähnlichen Vorganges.[7] Es beteuern die Brüder Josephs: „Derjenige, bei dem der Becher sich findet, soll sterben, und wir andern wollen dir leibeigen

---

[1] 5. Mos. 31, 17 J E (R). [2] 4. Mos. 14, 42 J E.
[3] Richt. 20. [4] V. 12 und 13. [5] Vgl. oben § 2 unter 4.
[6] 1. Mos. 31, 32 (E). [7] 1. Mos. 44.

werden", worauf der Hausmeister entgegnet: „Der, bei welchem er sich findet, soll mein Sklave werden". Man erkennt hieraus, daß es der Verletzte ist, der die Art der Rache bestimmt, nicht der Gewalthaber des Schuldigen, der eine Strafe verkündet. Wie in der einen Erzählung Jakob, so legen in der andern seine Söhne lediglich das Versprechen ab, für den Falle, daß das Verbrechen bewiesen wird, sich von dem Schuldigen loszusagen, damit Laban und Joseph aus der Ausstoßung alle Folgen ziehen können, selbst die der Tötung.

In Richter 6, 30 wird erzählt: „Die Leute der Stadt forderten von Joas: Gieb deinen Sohn heraus, er muß sterben, weil er den Altar des Baal niedergerissen und die Aschere daneben umgehauen hat!" Von Joas wird gefordert, er solle den Schutz seinem Sohne entziehen, in dem die Abtrünnigen Jahwes in ihrer Leidenschaft einen Verbrecher erblicken, und von dem sie Genugthuung fordern wollen.

Das Weib aus Thekoa erzählt dem Könige David, das ganze Geschlecht habe sich gegen sie erhoben und gerufen:[1] „Gieb den Brudermörder heraus, daß wir ihn umbringen für das Leben seines Bruders, den er erschlagen hat". Die geforderte Herausgabe erweist sich nicht als Friedloserklärung im eigentlichen Sinne, da dieser wesentlich ist, daß sie von dem Familienhaupte erfolgt, wohl aber als ein Vorgang, von dem sich auf die Friedloserklärung schließen läßt. Wie eine gewaltsame Bemächtigung des Schuldigen, der unter dem Schutze eines Hauses steht, als ein Angriff gegen den Frieden des Hauses angesehen wird, so ist auch die Rache an einem Gliede, das einer Familie noch angehört, ein Angriff gegen die Familie und ihr Haupt.

§ 6. Ausstoßung aus der Gemeinde.

Aus den Gemeinschaften der Familien, die ursprünglich unabhängig nebeneinander stehen, erwächst infolge örtlicher Zusammengehörigkeit eine Gemeinschaft über ihnen, die der Gemeinde.[2] Wie ein Friede die Familie umschließt, so ein höherer die Stadt. Jener hat seine Grundlage wesentlich in der Verwandtschaft, dieser in der lokalen Vereinigung. Wie im Kreise der Familie, so ist innerhalb der Mauern einer Stadt Gewalt und Rache unzulässig, die, dennoch geübt, sich als ein Bruch der Friedensordnung erweisen. Die Familienhäupter, die bisher einzeln, ein jeder in seiner Familie, den Frieden aufrecht erhalten haben und als ihre unbeschränkten

[1] 2. Sam. 14, 7.
[2] Nowack, 1. Bd. § 55. S. 303 f.

Machthaber anzusehen sind, geben ihn nunmehr in ihrer Gesamtheit der Gemeinde, deren oberstes Organ sie bilden.[1] Die Gemeindegewalt ist demnach ihrem Ursprunge nach eine Familiengewalt, die sich über mehrere, sich zu einem Ganzen zusammenschließende Familien entwickelt. Die Familienhäupter werden in der ihnen neu erwachsenen Eigenschaft als „Älteste“ oder „Vornehme“ bezeichnet, Namen, von denen der erstere noch auf die alte Familienverfassung hinweist. Bis in die jüngste Zeit der israelitischen Geschichte lassen sich Spuren dieses Entwickelungsganges erkennen. So bilden z. B. die Gemeindeältesten die Instanz für Streitigkeiten familienrechtlichen Charakters:

1. Wird von dem Ehemanne die Jungfrauschaft der Heimgeführten in Abrede gestellt, so kann der Beweis vor den Vornehmen der Stadt erbracht werden. 5. Mos. 22, 15 f.

2. Bei Nichterfüllung der Schwagerpflicht wird der, der sich weigert, vor die Vornehmen geladen und von ihnen zur Rede gesetzt. 5. Mos. 25, 7 f.; Ruth 4.

3. Das ius vitae über die Familienglieder geht von dem Familienhaupte auf die Gemeinde über. 5. Mos. 21, 18 f.

Die Ältesten üben daher in der Gemeinde eine Strafgewalt[2] aus, die der des Patriarchen entspricht. Sie haben darüber zu wachen, daß innerhalb der Stadtmauern keine eigenmächtige Rache geübt wird, ihnen liegt aber demgemäß auch die Pflicht ob, den, der sich ein Verbrechen hat zu Schulden kommen lassen, aus der Gemeinschaft der Stadt auszuschließen, um ihn außerhalb der Mauern, in denen der Friede eine sinnlich wahrnehmbare Grenze findet, der Rache des Verletzten freizugeben.

Weigert sich die Gemeinde zur Friedloserklärung, so nimmt sie das Verbrechen und seine Folgen auf sich.

Nachdem Abimelech seine 70 Brüder bis auf den jüngsten, Jotham, ermordet hat,[3] bemächtigt er sich der Familiengewalt, wird Stammesfürst und Herrscher von Sichem. Von Jotham, auf dem die Pflicht der Blutrache liegt, wird nun erzählt, daß er von dem Gipfel des Berges Gerisim der Stadt mit hocherhobener Stimme

---

[1] Die Ältesten bilden ursprünglich das einzige Organ der Gemeinde (Richt. 8, 4 f.; 1. Sam. 16, 4) und vertreten sie, wie 1. Sam. 11, 1, verglichen mit V. 3, beweist, wo die Vornehmen für die „ganze Bürgerschaft“ handeln. Vgl. 1. Kön. 21, 11 und 13. Inwieweit späterhin neben die Ältesten andere Organe der Gemeinde treten, hat hier außer Betracht zu bleiben. Vgl. „Die Ältesten im alten Testament“, von Otto Seesemann.

[2] 5. Mos. 19, 12; 21, 1—9; 4. Mos. 35, 24; Jos. 20, 9; 1. Kön. 21, 8; Esra 10, 8 und 14.

[3] Richt. 9.

eine Parabel zugerufen habe, in der er sie auffordert, sich von ihrem Könige loszusagen, um dadurch die Schuld abzuwenden, die auf ihr lastet. Als aber die Worte ungehört verhallen, legt er, der selbst zu ohnmächtig und nicht in der Lage ist, die Blutrache eigenhändig zu vollziehen, sie in die Hand Gottes, eine Rache, die nunmehr in gleicher Weise die Sichemiten wie ihren Herrscher trifft. „Es gehe", so ruft Jotham, „von Abimelech Feuer aus und verzehre die Bürger von Sichem und die Insassen des Millo, und es gehe Feuer aus von den Bürgern Sichems und den Insassen des Millo und verzehre Abimelech!" Wie in Richt. 20, liegt auch hier der Erzählung teils die Patriarchalverfassung, teils die Gemeindeverfassung zu Grunde. Nach der ursprünglichen Auffassung verschafft sich Abimelech die Gewalt eines Stammesfürsten. Auf dem Stamme, der von ihm beherrscht wird, hätte daher die Pflicht der Ausstoßung gelegen. Nun erscheint aber Abimelech zugleich als „König" der „Stadt" Sichem. Die Grundsätze der Friedloserklärung werden von der Patriarchalverfassung auf die Gemeindeverfassung übertragen.

Auch die Steinigung, die sich in jüngerer Zeit entwickelt, weist noch auf die Friedloserklärung hin. Sie wird nicht innerhalb der Stadt vollstreckt, vielmehr wird der Schuldige vor die Mauern der Stadt zum Richtplatze[1] geführt. Hier ist er schutzlos. Jeder kann sich an ihm vergreifen, wie denn auch die Strafe von dem gesamten Volke vollzogen wird,[2] nachdem die ersten Steinwürfe von den Anklägern ausgegangen sind,[3] die als Verletzte und Rächer zu denken sind.

Der Totschläger, der in eine Freistadt geflüchtet ist, wird friedlos, sobald er den Schutz ihrer Mauern vor dem Tode des Hohenpriesters verläßt.[4]

---

§ 7. Ausstoßung aus dem Staate und Volke.

Eine Ausstoßung aus dem Staate ist nicht nachzuweisen.[5] Vgl. jedoch 1. Sam. 28, 3 (R): „Saul aber hatte die Totenbeschwörer und Wahrsager aus dem Lande gejagt".

---

[1] 5. Mos. 17, 5; 21, 19; 22, 15; 25, 7; Ruth 4, 11; Am. 5, 12 und 15; Sach. 8, 16.

[2] 4. Mos. 15, 35; 1. Kön. 21, 9 f.; 3. Mos. 24, 23; 5. Mos. 17, 5.

[3] 5. Mos. 17, 7 (D). [4] 4. Mos. 35, 26 f. (P).

[5] Nowack § 61: „Landesverweisung findet sich in vorexilischer Zeit nie als Strafe erwähnt, aus der nachexilischen pflegt man Esra 7, 26 so zu deuten, aber es ist zweifelhaft, ob mit Recht, vielleicht ist nur an Ausschluß

Das Priestertum, wie es uns in den jüngeren Quellen entgegentritt, lehrt: Die Ausstoßung des Sünders aus dem Volke erweist sich als Pflicht Gott gegenüber. Die Ausstoßung erfolgt durch Tötung, die Tötung durch Steinigung. So lange der Sünder in der Mitte des Volkes weilt, ist das Volk durch ihn verschuldet. So kehrt der Gedanke der Friedloserklärung in ganz anderer Gestalt auf religiösem Gebiete wieder.

---

§ 8. **Absolute und relative Friedlosigkeit.**

Daß den Israeliten in ältester Zeit die absolute Friedlosigkeit bekannt war, beweist der Fluch, den Gott über Kain spricht. Durch diesen Fluch bekommt nicht nur die Familie des Erschlagenen das Recht der Blutrache zugesprochen, vielmehr wird Kain schlechthin für vogelfrei erklärt, so daß sich jeder an ihm vergreifen kann, ohne seinerseits der Blutrache zu verfallen.

Die absolute Friedlosigkeit bedarf der ausdrücklichen Friedloserklärung. Wie die ersten Menschen, erst nachdem das Urteil über sie ergangen ist, des Paradieses verlustig gehen, so verfällt Kain nicht unmittelbar durch den Mord, den er verübt hat, der Friedlosigkeit, sondern ihr geht ein geregelter Prozeß voran. Als Ankläger Kains wird das Blut des erschlagenen Bruders gedacht: „Horch, das Blut schreit zu mir vom Erdboden her". Jahwe giebt das Wort zur Verteidigung, spricht und vollzieht das Urteil.

Mit der Zeit kommt die absolute Friedlosigkeit außer Gebrauch. Lediglich der, welcher zur Rache berechtigt ist, kann sich an dem Verbrecher vergreifen.

Die relative Friedlosigkeit tritt unmittelbar mit dem Verbrechen ein.[1] Die Friedloslegung hat nur noch den Zweck, die Rache auf den Schuldigen zu beschränken und sie dadurch von seiner Familie abzuwenden. Sie wird um so bedeutungsloser, bis sie ganz verschwindet, je mehr sich die Familie und Gemeinde mit Entwickelung des Staates als in sich abgeschlossene Rechtsgemeinschaften auflösen.

---

aus der Gemeinde gedacht." Vgl. auch die Erzählung von Absaloms Vertreibung und 1. Mos. 4, 11 bis 14; 4, 16.

[1] Ginge der Rache eine Friedloserklärung voraus, wozu dann das Asylrecht und die Einrichtung der Zufluchtsstädte? 5. Mos. 19; Jos. 20.

---

§ 9. Gegenstand der Rache und Friedlosigkeit.

Die Friedlosigkeit und Rache treffen nicht nur den Schuldigen, mit ihm wird die Familie, das Gefolge und seine ganze Habe recht- und schutzlos. Das Haus kann niedergeäschert und selbst von den Kindern und Enkeln des Verbrechers Genugthuung gefordert werden.[1]

Als David von Abners Ermordung erfährt, ruft er (2. Sam. 3, 28 und 29): „... Möge Abners Blut zurückfallen auf das Haupt Joabs und seines Vaters ganze Familie, und mögen in Joabs Familie kein Ende nehmen solche, die an Fluß und Aussatz leiden, ...“

Dieser Grundsatz erhält sich, auch nachdem die Rache zur Strafe geworden ist. So heißt es:[2] „Josua nahm Achan, ... sowie seine Söhne und Töchter, seine Rinder, Esel und Schafe nebst seinem Zelte und allem, was ihm gehörte, — da bewarfen ihn alle Israeliten mit Steinen und sie verbrannten sie und steinigten sie“.

Daß sich auch Gottes Rache auf das ganze Haus des Sünders erstreckt, beweist 4. Mos. 16, 31: „Da spaltete sich der Boden unter ihnen und ... verschlang sie (die Verbrecher) samt ihren Behausungen und allen den Leuten, die Korah gehörten, und der gesamten Habe“.

Jahwe läßt Ahab durch Elia sagen (1. Kön. 21, 20 f.): „... Ich will von Ahab ausrotten alles, was an die Wand pißt, Unmündige wie Mündige ...“ Er ahndet die Schuld der Väter an Kindern und Enkeln, am dritten und vierten Gliede (2. Mos. 34, 7 und 4. Mos. 14, 18).[3]

Erst in jüngster Zeit der israelitischen Geschichte erkennt man in dem historischen Überreste einen Widerspruch zu dem im Laufe der Zeit feiner entwickelten Begriffe der Gerechtigkeit. Ein neuer Grundsatz wird aufgestellt:[4] „Es sollen nicht Väter samt den Kindern und Kinder samt den Vätern mit dem Tode bestraft werden; ein jeder soll (nur) wegen seines (eigenen) Vergehens getötet werden dürfen.“ Von dem Könige Amazja wird erzählt:[5] „Die Kinder der Totschläger ließ er nicht hinrichten nach dem Gebote Jahwes, das im Gesetzbuche geschrieben steht ...“ Jeremia (31, 29) lehrt: „In jenen Tagen wird man nicht mehr sagen: ‚Die Väter haben Herlinge gegessen und den Kindern sind die Zähne stumpf geworden!‘ Viel-

---

[1] Michaelis 5. Bd. § 229. Richt. 15. Simson verwüstet die Felder und Gärten der Philister dafür, daß sie an seinem Weibe Ehebruch verübt haben. Die Philister ziehen darauf heran und verbrennen das Weib des Daniten samt ihrem Vater, indem sie, wie sich vermuten läßt, dessen Haus in Brand stecken. Inwieweit die Handlung Simsons und der Philister als Rache aufgefaßt werden kann, ist bereits oben dargethan.

[2] Josua 7, 24 und 25. Daß die Söhne und Töchter Mitschuldige, etwa Hehler sind, ist nicht anzunehmen. Vgl. 1. Sam. 22, 16 und 19; 1. Kön. 2, 33.

[3] 3. Mos. 20, 5. [4] 5. Mos. 24, 16.

[5] 2. Kön. 14, 6; 2. Chr. 25, 3 f.

mehr ein jeglicher wird um seiner (eigenen) Verschuldung willen sterben; wer irgend Herlinge ißt, dem sollen die Zähne stumpf werden!"

Ältere Überlieferungen werden im Sinne der jüngeren Anschauung umgeformt. Der fluchartigen Drohung 2. Mos. 20, 5: „Ich, Jahwe, dein Gott, bin ein eifriger Gott, der die Verschuldung der Väter ahndet an den Kindern, den Enkeln und Urenkeln" wird der Satz zugefügt: „Derer, die mich hassen". In 5. Mos. 7, 9f. heißt es: „Damit du erkennst, daß Jahwe, dein Gott, . . . einem jeden von denen, die ihn hassen, an seiner eigenen Person die Vergeltung erfahren läßt, indem er ihn vertilgt".

Auch der Rechtssatz, daß der König bei Verbrechen gegen seine Person das Vermögen des Schuldigen einziehen kann,[1] wird nur durch die Grundsätze der vor Alters gebräuchlichen Rache und Friedlosigkeit verständlich.

---

§ 10. Die Buße.[2]

So lange die Rache Ausdruck des Zornes über eine angethane Kränkung ist, stellt sich die Buße als ein Versuch dar, durch Hingabe von Geschenken den Zorn des Beleidigten zu besänftigen, um dadurch die Rache abzuwenden. In der Hingabe soll einmal eine Demütigung des Schenkers, sodann eine Ehrerweisung dem Beschenkten gegenüber liegen. Da es weniger einen materiellen Schaden

---

[1] 1. Kön. 21, 16; vgl. 2 Sam. 16,4 und 19, 29.

[2] Für „Buße" findet man im Hebräischen folgende Ausdrücke:

1. כפר ist der technische Ausdruck für „sühnen". Als Grundbedeutung nimmt man gewöhnlich an: „bedecken, verhüllen, wegwischen".

Der Gebrauch des Wortes ist ein verschiedener in der strengen Priestersprache und außerhalb derselben.

Von כפר stammt כֹּפֶר „Sühne- oder Lösegeld" (λύτρον); 2. Mos. 21, 30; 30, 12. „Wenn ihm ein Lösegeld auferlegt wird, so soll er als Lösegeld für sein Leben so viel bezahlen, als ihm auferlegt wird."

2. פדה „loskaufen, bezahlen, losgeben", hiervon פְּדְיוֹם „Lösegeld"; 4. Mos. 3, 49; 2. Mos. 21, 30; Psalm 49, 9.

3. Am besten wird das Wesen der Buße durch das Wort שלם gekennzeichnet. Es heißt in seiner Grundbedeutung „unversehrt, heil sein".

Kal.: unversehrt, wohlbehalten sein, integrum esse.

Piel: integrum facere aliquid, redintegrare, wiederherstellen, etwas Schuldiges abtragen, bezahlen.

2. Mos. 21, 37: „Wenn jemand ein Rind . . . stiehlt, . . . soll er 5 Stück Rinder für ein Rind . . . als Buße entrichten (שלם)" und 22, 2: „Der Dieb muß Ersatz leisten (שלם)".

Der Friede, der durch das Verbrechen gebrochen ist, soll durch die Buße „wiederhergestellt" werden.

auszugleichen gilt, ist ursprünglich wohl nicht Geld geboten worden, sondern Gaben, die in erster Linie dem Gebenden von besonderem Werte sind und einen Verzicht um des Verletzten willen bekunden: „Da nahm Abimelech Schafe und Rinder und Sklaven und Sklavinnen und gab sie Abraham, dazu gab er ihm sein Weib Sarah zurück.“[1]

Nachdem sich ein Recht zur Rache ausgebildet hat, und ihre notwendige Voraussetzung ein Verbrechen ist, das gewohnheitsrechtlich als solches anerkannt wird, verwandelt sich die Buße in einen Vertrag (Compositio). Der Verletzte verzichtet durch Annahme der Buße auf das Recht der Rache. Liegt es im Wesen des Vertrags, daß die gegenseitigen Leistungen (Verzicht auf Rache und Hingabe einer Buße) in einem entsprechenden Verhältnisse stehen, so ist das Streben erklärlich, bei Festsetzung der Höhe der Bußsumme an objektiven Merkmalen einen Anhalt zu suchen, um nicht unbeschränkt die Laune des Verletzten walten zu lassen. Hier ist der Vergeltungsgedanke, der sich bei der Rache mehr und mehr entwickelt, von Bedeutung. Wie nach ihm eine gerechte Rache gleichsam ein Abmessen der verbrecherischen Handlung nach ihrem Inhalte und ihrer Wirkung fordert, so auch die Buße zur Berechnung ihrer Höhe. Dem Vergeltungsprinzipe entspricht es daher, daß die Höhe der Bußsumme sich nicht nach der Art der Rache bestimmt, die der Verletzte bei einem Verbrechen zu nehmen pflegt, sondern nach der Handlung, durch welche die Verletzung zugefügt worden ist, da die Rache dieser Handlung gleichwertig sein soll. Wird nun eine verbrecherische Handlung in Zahlen ausgedrückt, was nötig ist, sobald die Buße in Geld abgetragen wird, so kann dieses nur durch Gegenüberstellung der verschiedenartigen verbrecherischen Handlungen geschehen. Die verbrecherischen Handlungen werden mit Bezug auf die Intensität der Normübertretung (verbrecherische Schuld) und den angerichteten Schaden unter einander in ein proportionales Verhältnis gesetzt.[2]

Die Bestimmung der Bußsumme erfolgt entweder generell durch Rechtssatz oder wird für den einzelnen Fall dem Ermessen eines Schiedsrichters überlassen. Ersteres ist z. B. 2. Mos. 21, 32 und 2. Mos. 22, 6 der Fall:

---

[1] 1. Mos. 20, 14.

[2] Die Buße ist höher, wenn das gestohlene Tier nicht mehr bei dem Diebe vorgefunden wird. 2. Mos. 21, 37, vgl. mit 2. Mos. 22, 3.

Die Rache ist schärfer und die Buße höher bei der Tötung schlechthin, als bei dem speziellen Falle der Tötung durch ein stößiges Rind. 2. Mos. 21, 12, vgl. mit 2. Mos. 21, 29 und 30.

Je geringer die verbrecherische Schuld, um so mehr nähert sich die Buße dem civilen Schadensersatze. Dieser findet sich 2. Mos. 21, 18 und 19, 34—36; 2. Mos. 22, 4, 5, 11, 13.

„Wenn das Rind einen Sklaven oder eine Sklavin stößt, so sollen dem Eigentümer derselben dreißig Sekel Silber bezahlt, das Rind aber gesteinigt werden.“

„Wenn einer dem anderen Geld oder Kostbarkeiten zum Aufbewahren übergeben hat, und dies aus dem Hause des Betreffenden gestohlen wird, so muß der Dieb, wenn er ausfindig gemacht wird, den doppelten Betrag entrichten.“

Das Ermessen des Schiedsrichters wird 2. Mos. 21, 22 erwähnt:

„Wenn Leute einen Raufhandel haben und dabei ein schwangeres Weib stoßen, so daß sie zu früh gebiert, ohne daß weiterer Schaden geschieht, so soll der Thäter eine Buße entrichten, wie sie ihm der Ehemann des Weibes auferlegt, und er soll sie bezahlen nach dem Ausspruche von Schiedsrichtern.“

Wie die Bestimmung der Bußsumme dem freien Ermessen möglichst entzogen wird, bleibt es auch im Laufe der Zeit nicht mehr dem Belieben des Verletzten überlassen, ob er die Buße annehmen will oder nicht, vielmehr entscheidet darüber die Sitte, die den Charakter des Gewohnheitsrechtes annimmt. Das Zurückgreifen auf die Rache ist nur noch dann zulässig, wenn die Buße überhaupt nicht oder in nicht genügender Weise angeboten wird.[1] Schließlich kann die Rache auch für diesen Fall ausgeschlossen werden, indem der Verletzte auf andere Weise Genugthuung erhält.[2]

Der Weg von der Rache zur Buße ist nach dem Rechte, das uns vorliegt, nicht bei allen Verbrechen gleich weit zurückgelegt worden; die einen bleiben auf einem früheren Punkte stehen als die anderen.

I. Der Diebstahl[3] ist allen Verbrechen vorangegangen. Die Entwickelung hat sich in folgender Weise vollzogen:

1. Der Dieb verfällt der Rache des Verletzten. Die Buße ist ausgeschlossen, weil sie noch unbekannt ist.[4]

2. Die Buße und Rache konkurrieren miteinander, wie z. B. in 2. Sam. 12, 5:[5] „Der Mann, der das gethan hat, ist ein Kind des Todes oder das Lamm muß er siebenfältig[6] erstatten dafür, daß er eine solche That begangen und kein Erbarmen geübt hat“.

3. Die Buße hat die Rache verdrängt, so in den 2. Mos. 21, 37; 22, 2 f. enthaltenen Rechtssätzen: „Bei dem Diebstahle eines Rindes

[1] Andererseits kann die Ablösung der Rache durch die Buße verboten werden. So wollen namentlich der Deuteronomiker und der Priesterkodex die Buße bei vorsätzlicher Tötung und bei dem Ehebruche ausgeschlossen wissen.

[2] 2. Mos. 22, 2.

[3] Michaelis 6. Bd. S. 48 f.; Saalschütz 2. Bd. § 282 S. 554 f.

[4] Vgl. oben § 2. [5] Vgl. oben § 2, 3.

[6] Siebenfältig bedeutet so viel wie vielfach (Riehm). Vgl. auch Spr. 6, 31: „Wenn der Dieb ertappt wird, kann er's siebenfältig ersetzen, kann alles Gut seines Hauses hingeben.“

werden fünf Rinder und bei dem Diebstahle eines Schafes fünf Schafe als Buße gezahlt, wenn das gestohlene Rind oder Schaf bei dem Diebe nicht mehr vorgefunden wird. Werden sie dagegen vorgefunden, so ist außer dem gestohlenen Rinde oder Schafe lediglich noch ein zweites Rind oder Schaf als Buße zu geben". Ist die Buße uneinbringlich, so greift jetzt nicht mehr das Recht der unbeschränkten Rache Platz, vielmehr wird der Bußpflichtige in die Knechtschaft verkauft, und der Erlös, der dadurch erzielt wird, bildet die Bußsumme. In 2. Mos. 22, 2 heißt es:[1] „Der Dieb muß Ersatz leisten, und wenn er nichts hat, soll er als Entgelt für seinen Diebstahl als Sklave verkauft werden".

II. Die Körperverletzung ist in der Entwickelung hinter dem Diebstahle zurückgeblieben, da bei ihr die Rache in der Form der Talion noch ergänzend eintritt. Das Bundesbuch bestimmt:[2] „Geschieht ein Schaden, so soll einer lassen (Leben um Leben), Auge um Auge, Zahn um Zahn, Hand um Hand u. s. w." Der Wortlaut weist nicht auf die Buße, weil der Rechtssatz aus einer Zeit stammt, wo die Buße noch nicht oder nur ausnahmsweise in Anwendung gekommen ist. Daß aber dennoch in erster Linie eine Bußtaxe gegeben wird, ergiebt sich aus den darauf folgenden Versen:[3] „Wenn jemand seinem Sklaven oder seiner Sklavin in das Auge schlägt, so daß es unbrauchbar wird, so soll er ihn für das Auge freilassen. Und wenn er seinem Sklaven oder seiner Sklavin einen Zahn ausschlägt, so soll er ihn für den Zahn freilassen". Die Bußsumme, die für ein Auge oder einen Zahn zu zahlen ist, soll der Summe gleich sein, der ein Sklave oder eine Sklavin bedarf, um sich die Freiheit zu erkaufen. Es ist wahrscheinlich, daß es für das Ausschlagen eines Auges, Zahnes u. s. w. feste Bußsummen gegeben hat. Der Ausdruck „Leben um Leben", der in 3. Mos. 24, 18 wiederkehrt, ist gleichfalls auch im Sinne der Buße, nicht der Rache allein zu verstehen: „Wer ein Stück Vieh erschlägt, hat es zu ersetzen — Leben um Leben".

III. Die Tötungsverbrechen. Bei ihnen bildet die Rache nicht nur den Ausgang, sondern auch noch in jüngerer Zeit die Regel. „Wer einen anderen schlägt, so daß er stirbt, der soll des Todes sterben".[4] Es handelt sich hier zunächst nicht um eine Strafe im eigentlichen Sinne, vielmehr soll nur die Form der Rache bezeichnet werden.

---

[1] Kautzsch übersetzt שׁלם mit „Ersatz leisten"; vgl. oben § 10..

[2] 2. Mos. 21, 23. [3] 2. Mos. 21, 26 und 27.

[4] 2. Mos. 21, 12. Die von Kautzsch gegebene Übersetzung „Der soll mit dem Tode bestraft werden" ist nicht gut. Die Worte מוֹת יוּמָת weisen nicht auf eine „Strafe", daher ist im Texte auf die Luther'sche Übersetzung zurückgegriffen worden.

Mit der Zeit wird die Buße bei einem privilegierten Tötungsverbrechen anerkannt. Es wird in 2. Mos. 21, 29 gegeben und liegt vor, wenn ein stößiges Rind, das der Besitzer trotz Vorhaltes nicht sorgfältig gehütet hat, einen Mann oder eine Frau totstößt. Hier soll zwar grundsätzlich die Rache in Gestalt der Tötung Platz greifen, dennoch wird auch des Falles gedacht, daß der Verletzte eine Buße annimmt. Es heißt:[1] „Wenn dem Besitzer des Rindes ein Lösegeld auferlegt wird, soll er für sein Leben soviel bezahlen, als ihm auferlegt wird".

Nachdem der Unterschied zwischen vorsätzlicher und unvorsätzlicher Tötung gefunden ist, wird bei ersterer die Buße ausdrücklich ausgeschlossen.[2] Daß sie dennoch auch bei der vorsätzlichen Tötung in Gebrauch kommt, bietet die einzige Erklärung dafür, daß der Deuteronomiker und der Priesterkodex so entschieden die thatsächliche Vollziehung der Rache betonen.[3] „Ihr dürft kein Lösegeld annehmen für das Leben des Mörders, der des Todes schuldig ist, vielmehr soll er des Todes sterben."

Die Berechnung der Höhe der Bußsumme ist nicht eine willkürliche, bestimmt sich vielmehr nach dem Vorhandensein gewisser objektiver Merkmale. Entscheidend ist das Geschlecht, das Alter und der Stand der getöteten Person, wie aus der Betonung dieser Eigenschaften bei folgenden Strafrechtssätzen hervorgeht:

„Das Rind soll, wenn es einen Mann oder eine Frau totstößt, gesteinigt, aber auch sein Besitzer getötet werden."[4] „Wenn ein Knabe oder ein Mädchen gestoßen wird, so soll nach demselben Rechte mit ihm verfahren werden."[5] „Wenn ein Rind einen Sklaven oder eine Sklavin stößt, so sollen dem Eigentümer derselben dreißig Sekel Silber bezahlt, das Rind aber gesteinigt werden."[6]

Nach 3. Mos. 27 kann alles, was Jahwe gelobt worden ist, mit Ausnahme der opferbaren Tiere, eingelöst werden. Zur Festsetzung des Schätzungswertes einer Person, die eingelöst werden soll, wird folgende Tabelle gegeben. Es sind zu zahlen für eine Person:

im Alter	männlichen Geschlechts	weiblichen Geschlechts
von einem Monat bis zu 5 Jahren .	5 Silbersekel	3 Silbersekel
von 5 Jahren bis zu 20 Jahren . .	20 "	10 "
von 20 Jahren bis zu 60 Jahren .	50 "	30 "
von 60 Jahren aufwärts	15 "	10 "

[1] 2. Mos. 21, 30. [2] 2. Mos. 21, 14.
[3] 4. Mos. 35, 31 und 32. Vgl. Michaelis 5. Bd. § 275.
[4] 2. Mos. 21, 29. [5] 2. Mos. 21, 31. [6] 2. Mos. 21, 32.

Wenn auch die genannten Summen mit denen der Buße bei einer Tötung sich nicht decken, so stehen sie doch wohl unter einander in einem entsprechenden Verhältnisse.

Nachdem in 3. Mos. 24 von der Rache und Buße die Rede gewesen ist, schließt sich die Bemerkung an[1]: „Einerlei Recht soll unter euch gelten, für den Fremden, wie für den Landeseingebornen, denn ich bin Jahwe, euer Gott". Die Worte beziehen sich vornehmlich auf die Buße. Der Deuteronomiker fordert bei dem an einem Fremden verübten Verbrechen die Zahlung einer gleichen Bußsumme, wie bei einem Verbrechen, das an einem Israeliten verübt wird, was darauf hinweist, daß in der vordeuteronomistischen Zeit der Fremde schlechter gestellt ist.[2]

IV. Ehebruch. Da das Bundesbuch den Ehebruch unerwähnt läßt, scheint zur Zeit seiner Abfassung die Rache noch üblich gewesen, und die Buße nur fakultativ eingetreten zu sein. Diesem Rechtszustande entspricht die Erzählung 2. Sam. 12. Nachdem der Prophet Nathan das Gleichnis von dem Reichen und dem Armen erzählt hat, ruft der König erzürnt: „So wahr Jahwe lebt, der Mann, der das gethan hat, ist ein Kind des Todes, oder das Lamm muß er siebenfältig erstatten dafür, daß er eine solche That begangen und kein Erbarmen geübt hat!" Da es sich um ein auf den Ehebruch Davids hindeutendes Gleichnis handelt, läßt sich annehmen, daß diesen Worten entsprechend auch bei dem Ehebruche die Rache (Tötung) die Regel bildet, und die Buße, deren Annahme im Belieben des Verletzten steht, nur ausnahmsweise Platz greift, wie es denn auch als besondere Gnade Jahwes erscheint, daß er als Sühne nicht den Tod des Königs fordert, sondern den seines Sohnes annimmt.

Nicht um Buße im eigentlichen Sinne handelt es sich in 1. Mos. 20, 16, wo es heißt: „Zu Sarah sprach Abimelech: Hier übergebe ich deinem Bruder 1000 Silberstücke, das soll eine Ehrenerklärung für dich sein gegenüber allen, die bei dir sind, so daß du vor jedermann

---

[1] 3. Mos. 24, 22.

[2] In der ältesten Zeit ist der Fremde völlig schutzlos geblieben, da es ihm an einem Bluträcher gefehlt hat. Daher finden sich in späterer Zeit zahlreiche Vorschriften zu Gunsten der Fremden: 2. Mos. 23, 12 (D?); 5. Mos. 10, 19; 14, 29; 16, 11, 14; 24, 17—22; 26, 11 f. (D); 5. Mos. 27, 19 (Dt); 3. Mos. 19, 10, 34; 23, 22; 25, 6 (P). Vgl. Nowack 1. Bd. § 60: „Wer als Fremdling in einem Stamme oder Geschlechte sich aufhielt, ohne ihm wirklich angegliedert zu sein, für den gab es weder Recht noch Gericht, ja dessen Leben war stets gefährdet, weil derjenige, der ihn vergewaltigte, den Bluträcher nicht zu fürchten hatte. Einen öffentlichen Ankläger aber gab es nicht." Vgl. Michaeliis § 138, ferner „Die Stellung der Israeliten und der Juden zu den Fremden" von Lic. Alfred Bertholet in Basel. Freiburg i. B. und Leipzig 1896.

gerechtfertigt bist".[1] Ein Verbrechen ist nicht vorgefallen. Entsprechend der Bezeichnung Abimelechs stellt sich die Hingabe der 1000 Silberstücke lediglich als eine Ehrenerklärung dar, durch die Sarah als Frau, und zwar als Frau des Patriarchen Abraham, anerkannt werden soll.

V. Notzucht. Nach dem deuteronomischen Gesetzbuche[2] hat der, der eine noch nicht verlobte Jungfrau[3] genotzüchtigt hat, an ihren Vater eine Geldbuße von 50 Silbersekel zu zahlen.[4]

§ 11. Die Verbrechen gegen Jahwe.

Nach der älteren Vorstellung des Volkes Israel von Jahwe erscheint und verkehrt er mit den Menschen wie ein Mensch.[5] Er empfindet menschlich, indem er Gemütsbewegungen, wie Freude, Schmerz, Furcht und Reue unterliegt. Mit dieser Auffassung steht im Einklange, daß jede Verletzung der Person Jahwes die gleiche Wirkung hat, wie die Verletzung eines Menschen, daß sie Gottes Zorn und Rache mit sich bringt. Jahwes Strafe unterscheidet sich demnach in ihrer Voraussetzung wie in ihrem Wesen von der menschlichen Rache im Prinzipe nicht.

Die Voraussetzung der Strafe Gottes ist eine Verletzung seiner Person. Wodurch sie verletzt wird, hat im Laufe der Zeit eine verschiedene Antwort gefunden. Ursprünglich treten uns als Verletzung Jahwes nur die Handlungen entgegen, die sich als einen Angriff unmittelbar gegen seine Person darstellen, somit aber als rein religiöse Verbrechen bezeichnet werden können. Als Beispiel sei die Gottlosigkeit der Söhne Elis angeführt, „deren Versündigung sehr schwer war vor Jahwe, weil sie sein Opfer gering achteten".[6] Die Bundesworte, 2. Mos. 34, 14—26, die von dem Jahwisten herrühren, enthalten nur religiöse Satzungen, durch deren Übertretung Gott der unmittelbar Verletzte ist, wie andererseits der Mensch in dem von dem Elohisten (?) überlieferten Bundesbuche, 2. Mos. 21, 12—22, 16.

Das Wesen der Strafe ist Rache. Ihrer Erwähnung geht in zahlreichen Fällen die Bemerkung voran: „Jahwe wurde zornig"

[1] Dieser Zusatz fehlt in der analogen Darstellung des Jahwisten. 1. Mos. 12.

[2] 5. Mos. 22, 28.

[3] Die verlobte Jungfrau steht auf dem Gebiete des Strafrechtes einer Verheirateten gleich; vgl. 5. Mos. 22, 23 f.

[4] Daneben besteht die Pflicht, die Geschwächte zu heiraten, und zwar ohne Entlassungsrecht. 5. Mos. 22, 29. Vgl. Ammons Frevel an Thamar. 2. Sam. 13, 16.

[5] 1. Mos. 2, 8; 32, 25 f.; 18, 21.

[6] 1. Sam. 2, 17.

oder „Da entbrannte der Zorn Jahwes“.[1] Als sich das Volk Israel von Gott abgewendet und ein goldenes Kalb verfertigt hat,[2] braust Jahwe schnell auf; fest steht in ihm der Entschluß, Israel zu vernichten und an dessen Stelle Mose und sein Haus zu setzen. Der Entschluß hätte sich in die That umgesetzt, wäre nicht Mose dazwischen getreten. Er sucht Jahwe zu beruhigen, stellt ihm vor, wie die Ägypter frohlocken und ihm nachsagen werden, in schlimmer Absicht habe Jahwe sie weggeführt, um sie umzubringen, erinnert ihn an das Gelöbnis, das er einem Abraham, Isaak und Israel abgelegt hat, und geht (nach 2. Mos. 32, 32 J) in der Fürbitte für das Volk so weit, daß er, um Jahwe Genugthuung zu verschaffen, sich erbietet, Israel mit seiner Person auszulösen. „Da ließ sich Jahwe das Unheil gereuen, das er seinem Volke angedroht hatte“.[3] Er nimmt zurück, was er im Zorne gesprochen hat, nur den Anblick des Volkes will er meiden, denn weilt er unter Israel, könnte nur zu leicht ihm die angethane Schmach von neuem vor Augen treten und das Verlangen nach Rache wachrufen.

Im Liede Moses[4] wird die Rache Jahwes in folgender Weise besungen:

„Wenn ich mein blitzendes Schwert geschärft habe,
und meine Hand zum Gerichte greift,
dann will ich Rache nehmen an meinen Drängern
und will meinen Hassern vergelten.
Meine Pfeile sollen trunken werden von Blut,
und mein Schwert soll Fleisch fressen —
vom Blut Erschlagener und Gefangener,
vom Haupte der Führer des Feindes!“

Aus diesen Beispielen geht hervor, daß eine in dem Verbrechen allein begründete und von der Person des Verletzten unabhängige „Strafe“ noch nicht bekannt ist, es sich vielmehr um „Rache“ handelt, die Jahwe wegen einer ihm erwiesenen Mißachtung und dadurch verursachten Kränkung übt. Sie ist Ausfluß der heftigsten Leidenschaft und wird von dem Verlangen getragen, durch Vergeltung des erlittenen Schmerzes Befriedigung zu suchen.[5] Der Gedanke der

---

[1] 4. Mos. 11, 1 und 33; 12, 9; 32, 10, 13; 5. Mos. 31, 17.

[2] 2. Mos. 32. [3] 2. Mos. 32, 14.

[4] 5. Mos. 32, 41 f.

[5] Smend § 7 S. 103: „Furchtbar rächte Jahwe jeden Angriff auf seine Majestät, mochte er in unberufener Berührung der heiligen Dinge, in Verletzung des Bannes, in Verächtlichmachung des Opfers oder in dem Frevel der Volkszählung bestehen. Aber gegenüber dem Angriffe der Menschen auf ihn selbst war er einfach der Beleidigte und nicht der Richter. Als Angriff auf sich selbst rächt er es auch, wenn Fremde seine Diener antasteten, wie Abimelech den Abraham oder Pharao Israel.“

Talion läßt sich hier weder bei dem Jahwisten noch bei dem Elohisten nachweisen im Gegensatze zu dem jüngeren Priesterkodex.[1]

Wie die Buße die Rache des Menschen abwendet, so kann sie auch dem Sünder den Frieden mit Gott wiedergeben. Ihre Grundsätze werden bei den Verbrechen gegen Jahwe zur Anwendung gebracht, nur ist zu beachten, daß die Buße sich hier ausschließlich in der älteren Gestalt wiederfindet, wo ihre Annahme als freie Gnade des Verletzten anzusehen ist. David wendet Gottes Zorn dadurch ab, daß er giebt, was seinem Herzen besonders teuer ist: seinen Sohn. Der Prophet Nathan sagt:[2] „So wird dir Jahwe deine Sünden vergeben; du wirst nicht sterben. Weil du aber durch deine Handlungsweise Jahwe Verachtung bewiesen hast, so muß nun der Sohn, der dir geboren wird, sterben". Den ersten, als den besten Ertrag des Feldes und Viehes soll der Israelit auf den Altar Jahwes niederlegen, so fordert es der Kultus.[3] Einen sühnenden Charakter haben die meisten Opfer.[4]

Das Verbrechen gegen einen Menschen giebt nur dem Verletzten, ebenso giebt das gegen Jahwe nur Jahwe das Recht zur Rache. Gott läßt sich die Rache nicht nehmen. Wir sehen ihn bei einer Verletzung gegen seine Person in der früheren Zeit stets unmittelbar eingreifen,[5] wie z. B. in der Erzählung von der Versündigung der

---

[1] 4. Mos. 14, 28; 5. Mos. 19, 19. Vgl. Schulz: Alttestam. Theol., Zorn Gottes, S. 560: „Beiden Worten — Gottes Zorn und heiliger Eifer — ist ohne Zweifel und gemäß dem ursprünglichen Begriffe der Heiligkeit Gottes der Gedanke menschlicher Leidenschaft beigemischt, und der Eindruck des furchtbaren Gottes der Semiten wirkt noch durch."

[2] 2. Sam. 12, 13. Vgl. Michaelis 5. Bd. § 244.

[3] Menschenopfer dagegen werden von Jahwe ausdrücklich zurückgewiesen. Dies wird in der Erzählung von der Opferung Isaaks, 1. Mos. 22, betont; vgl. auch Mich. 6, 7.

[4] 3. Mos. 17, 11. Wellhausen S. 80: „Im Priesterkodex ist bei allen Tieropfern das eigentliche Mysterium die Sühne durch das Blut; am reinsten ausgebildet erscheint dieselbe bei den Sünd- und Schuldopfern, welche ebensowohl für den Einzelnen, als für die Gemeinde und für ihr Haupt dargebracht werden." 3. Mos. 19, 21: „Er soll aber Jahwe als seine Buße einen Widder zum Schuldopfer an die Thüre des Offenbarungszeltes bringen." 1. Sam. 3, 14: „So habe ich denn der Familie Elis geschworen: Wahrlich, die Schuld der Familie Elis soll weder durch Schlachtopfer noch durch Opfergaben jemals gesühnt werden!"

Von der Buße zu unterscheiden ist die Intercession. Sie findet sich z. B. in 1. Mos. 44, 33, wo Juda sich für seinen Bruder Benjamin zur Knechtschaft erbietet: „Möchte somit dein Sklave an Stelle des Knaben zurückbleiben dürfen als Leibeigener meines Gebieters, der Knabe aber heimkehren dürfen mit seinen Brüdern"; in 2. Mos. 32, 32: „Und nun bitte vergieb ihnen doch ihre Sünde! wo nicht, so streiche mich doch lieber aus dem Buche, das du führest." — Auch das Christentum fußt im Wesentlichen auf dem Gedanken der Intercession.

[5] Teilweise auch noch in der späteren Zeit. Im Priesterkodex finden sich

Söhne Elis.[1] Eli sagt:[2] „Sündigt ein Mensch wider Menschen, so entscheidet die Gottheit, sündigt aber jemand wider Jahwe, — wer wollte sich da für ihn zum Richter aufwerfen?“ Eli weist auf die Rache Jahwes hin; ihm komme es nicht zu, die Versündigung seiner Söhne zu ahnden, denn auch die Rache sei ein Recht, das allein dem Verletzten zustehe. Diese Auffassung stellt sich in Widerspruch zu den später entwickelten Grundsätzen, wie denn auch in die Erzählung 1. Sam. 2 in V. 27—36 von den Deuteronomisten ein Zusatz gemacht ist, in dem Eli zur Last gelegt wird, daß er seine Söhne ungestraft gelassen hat. Nicht ohne Tendenz wird betont: „Dagegen soll die ganze Menge deiner Nachkommen durch Menschenschwert umkommen.“

Als Saul an den Amalekitern nicht den Bann vollstreckt, straft ihn Gott, indem er Samuel entsendet, ihm das Ende seines Königtums anzukündigen.[3] Jahwes Zorn lodert auf gegen Ussa, weil er mit der Hand nach der Lade gegriffen hat, und er schlägt ihn, so daß er neben der Gotteslade stirbt.[4] In den Bundesworten[5] fehlt jede Strafsanktion, vielmehr deuten die Worte: „Jahwe heißt eifrig, ein eifriger Gott ist er“, auf die angegebene Auffassung. Deutlicher noch heben die Zusätze der ersten fünf Steintafelgesetze[6] Gottes Rache hervor, besonders die Worte: „Ich, Jahwe, dein Gott, bin ein eifriger Gott, der die Verschuldung der Väter ahndet an den Kindern, den Enkeln und Urenkeln, denn Jahwe läßt den nicht ungestraft, der seinen Namen freventlich ausspricht“.

Es muß sonach gesagt werden, daß ursprünglich alle Verbrechen gegen Gott von Menschenhand unbestraft blieben, daß sie aber infolge der Vorstellung des Volkes von Jahwe und dessen Strafe als „Verbrechen“ bezeichnet und den Verbrechen gegen Menschen für gleichartig anzusehen sind.

---

§ 12. Die Strafe.

Das ältere israelitische Strafrecht steht unter dem Gesichtspunkte der Rache. War diese ursprünglich derart, daß der Ver-

eine große Reihe von Verbrechen, bei denen die Strafvollstreckung Gott allein überlassen bleibt. So bei den Geboten, deren Zuwiderhandlung mit der Strafe der Ausrottung bedroht ist. Vgl. Riehm, Strafrecht: „Gott wird selbst als Vollstrecker des Urteils gedacht.“ 3. Mos. 17, 10; 3. Mos. 20, 3, 5, 6; 23, 30: „Ich selbst will gegen einen solchen mein Antlitz richten und ihn wegtilgen (hinwegraffen mitten aus seinen Volksgenossen).“ Nowack § 61. Eine Strafe Jahwes ist die Kinderlosigkeit.

[1] 1. Sam. 4, 11.
[2] 1. Sam. 2, 25.
[3] 1. Sam. 15, 10 f.
[4] 2. Sam. 6, 7.
[5] 2. Mos. 34, 14—26 (J).
[6] 2. Mos. 20, 5, 7; 5. Mos. 5, 9, 11.

letzte in ihr völlig freie Hand hatte, so wird sie mit der Zeit durch Rechtssätze mehr und mehr autorisiert und umgestaltet. Ebenso wird die früher unbeschränkte Familiengewalt gewissen Schranken unterworfen. Folgender Entwickelungsgang läßt sich feststellen.

1. Das ius vitae ac necis, das dem Familienhaupte zusteht, wird auf die Fälle, die im Bundesbuche 2. Mos. 21, 15 und 17 angeführt sind, beschränkt: Wenn ein Kind seinen Vater oder seine Mutter schlägt oder über sie einen Fluch ausspricht, wird es dem Vater des Kindes zur Pflicht gemacht, über dieses die Todesstrafe auszusprechen, woraus hervorgeht, daß er sie im übrigen nicht handhaben soll. Vgl. 5. Mos. 21, 18—21.[1]

2. Das Gewohnheitsrecht setzt fest, bei welchen Verbrechen die Rache statthaft, und bei welchen sie geboten ist.

3. Die Rache wird in dem Maße und in der Art ihrer Ausübung durch die gesetzlich anerkannte Talion beschränkt.

4. Die Rache wird dadurch ausgeschlossen, daß das Gesetz die Buße fordert.

5. Die Höhe der Buße wird rechtlich normiert.

Die einst willkürliche Rache nimmt den Charakter einer festen Strafe an. Sie kann aber nur als Privatstrafe bezeichnet werden,[2]

---

[1] Nur diese Auslegung von 2. Mos. 21, 15 und 17 ist annehmbar. Daß Rechtssätze über die Rache und Buße 2. Mos. 21, 12 bis 22, 16 enthalten, ist oben dargethan. Es würde dem sonst streng durchgeführten Grundsatze widersprechen, wollte man allein in Vers 15 und 17 an eine öffentliche Strafe denken. Es liegt kein Fall der Popularstrafklage vor; als Strafberechtigter ist nicht der Staat, sondern der unmittelbar Verletzte, d. h. der Familienvater zu denken. Ihm wird unter den genannten Voraussetzungen die Tötung des Sohnes zur Pflicht gemacht (lex imperfecta, da seitens des Gesetzgebers nicht erzwingbar), damit aber die väterliche Gewalt in allen anderen Fällen eingeschränkt. Dem scheint 5. Mos. 21, 18—21 zu widersprechen. Hiernach könnte man annehmen, daß der Hausvater in der Zeit, die zwischen Abfassung des Bundesbuches und dem Deuteronomium liegt, auch in anderen, als den genannten Fällen das Tötungsrecht gehabt habe, nämlich gegen jeden mißratenen und widerspenstigen Sohn. Aber 5. Mos. 21, 18—21 mindert nicht die Gewalt des Vaters, sondern steigert sie, wie aus der Fassung hervorgeht „So sollen ihn seine Eltern ergreifen". Es wird ein neuer Fall des Tötungsrechtes dem Vater gegeben. Die Öffentlichkeit wird verlangt, nicht um den Sohn vor Übergriffen zu schützen, sondern damit es ganz Israel vernimmt und sich fürchtet. Die bloße Anklage der Eltern reicht zur Verurteilung aus. Vgl. Michaelis 6. Bd. § 294: „Ungeratener Sohn und Trunkenbold."

[2] Rache, die sich in Privatstrafe umgewandelt hat, findet sich auch in 2. Mos. 21, 16: „Wer einen Israeliten raubt, . . . mag er ihn nun in die Sklaverei verkaufen, oder mag der ‚Geraubte' bei ihm vorgefunden werden, der soll sterben." Kautzsch dagegen übersetzt: „Mit dem Tode bestraft werden". Die Rache, später Privatstrafe, fordert der Geraubte oder sein nächster Blutsverwandter.

Schwierigkeit bereitet 2. Mos. 21, 20: „Wenn jemand seinen Sklaven oder seine Sklavin mit dem Stocke schlägt, so daß er sogleich stirbt, so soll Rache da der Verletzte, der sie fordert, nicht Organ des Staates ist, vielmehr es seinem Willen und Charakter überlassen bleibt, ob er das Verbrechen ahnden will oder nicht. Zwar wird die Rache zur Pflicht gemacht, aber es handelt sich hier, wenn nicht um ein rein ethisches Gebot, so doch um eine lex imperfecta.

Daß durch das Verbrechen noch nicht das Gemeinwesen als verletzt angesehen wird, beweist das altisraelitische Rügeverfahren, dem es wesentlich ist, daß die Pflicht zur Anzeige des Verbrechens nicht von der Obrigkeit, sondern von dem Verletzten auferlegt wird. Ist diesem der Verbrecher unbekannt, so steht ihm zur Ermittelung ein Rechtsbehelf in der Weise zu, daß er vor versammelter Sippe oder Gemeinde einen Fluch über den Verbrecher ausspricht, sowie über den, der von dem Verbrechen und dessen Thäter Kenntnis hat, sein Wissen aber verschweigt. Durch diesen Fluch wird die Pflicht zur Rüge begründet.[1] Es scheint sich um ein althergebrachtes Verfahren zu handeln.

In Richter 17, 2 wird erzählt: „Micha sprach zu seiner Mutter: Die 1100 Silbersekel, die dir entwendet worden sind, daher du eine Verwünschung ausgestoßen und in meiner Gegenwart gesagt hast . . . Dieses Geld ist in meiner Verwahrung“. Das Rügeverfahren ist noch dem Priesterkodex bekannt:[2] „Wenn sich jemand vergeht, indem er eine laut ausgesprochene Verwünschung anhört und könnte Zeuge sein, mag er nun den Thäter gesehen oder in Erfahrung gebracht haben, hat aber keine Anzeige gemacht und so Schuld auf sich geladen, so soll er . . .“ „Wer mit dem Diebe teilt, haßt sein Leben, er hört den Fluch und zeigt es nicht an.“[3]

Das streng durchgeführte Prinzip der Rache und Privatstrafe muß bedenkliche Folgen mit sich bringen. Zahlreiche Verbrecher bleiben unverfolgt, sie werden aus der Sippe oder Gemeinde ausgestoßen oder suchen von selbst das Weite, ohne der strafenden Hand des Rächers anheimzufallen. Es rotten sich nun diese friedlosen Gesellen zusammen, die nichts zu verlieren haben, als ihr Leben,

---

genommen werden.“ Kautzsch übersetzt auch hier „So soll er bestraft werden“. Das נָקֹם יִנָּקֵם weist unverkennbar auf die Rache hin.

[1] Vgl. Lex Sal. 74: Quod ne occidissent, nec sciant, qui occidissent. Der wesentliche Unterschied zwischen dem germanischen und dem israelitischen Rügeverfahren ist der, daß bei dem germanischen bereits der Gedanke durchgedrungen ist, daß das Gemeinwesen, der Staat als solcher, berufen ist, den Missethäter zu ermitteln und zu bestrafen. Es ist der Graf, ein öffentlicher Beamter, der die Pflicht zum Schwören auferlegt. Vgl. Deutsche Rechtsgeschichte von Heinrich Brunner, Leipzig 1892, 2. Bd. § 117. Das israelitische Rügeverfahren gehört einer älteren Entwickelungsstufe an, ruht noch ganz auf der Familienverfassung.

[2] 3. Mos. 5, 1. [3] Spr. 29, 24.

und bilden eine Gefahr für den jungen Staat, indem sie revolutionären Elementen ein gefügiges Werkzeug sind. So dingte sich Abimelech nichtsnutzige, leichtfertige Menschen und wurde ihr Anführer.[1] Sie sammelten sich um Jephta, um mit ihm nach Beute auszuziehen.[2] „Um David scharten sich allerlei Bedrängte sowie jeder, der einem Gläubiger verfallen war, und allerlei mißvergnügte Leute, und er wurde ihr Hauptmann."[3]

Eine Reform ist unumgänglich. Während ein Teil der Sittlichkeitsverbrechen, die den Charakter der Verletzung einer bestimmten Person an sich tragen, nach dem Grundsatze der Rache geahndet werden, wie vornehmlich der Ehebruch, bildet ein anderer Teil den Ausgang für die Entwickelung der öffentlichen Strafe. Diesen Verbrechen ist es wesentlich, daß durch sie weniger oder gar nicht eine einzelne Person verletzt, wohl aber das Volk (die Gemeinde, Familie) und das Land befleckt wird.[4] Der Jahwist erwähnt nur ein Sittlichkeitsverbrechen dieser Art: Die Hurerei,[5] die er mit der Strafe des Verbrennens belegt. Der Elohist fügt ein zweites hinzu, ohne die Art der Todesstrafe anzugeben:[6] „Jeder, der einem Tiere beiwohnt, soll mit dem Tode bestraft werden". Die Flamme verzehrt und reinigt. Dem Verbrennen liegt der Gedanke zu Grunde: Das Land, das durch das Verbrechen befleckt ist, soll durch gänzliches Hinwegtilgen des unlauteren Elementes gereinigt werden. Es ist daher nicht eines Einzelnen, sondern der Gesamtheit Interesse, daß dem Verbrechen nachgespürt und das Sündhafte den Flammen übergeben wird. Ruht die Rache und Buße in den Händen des Verletzten, so ist es hier ein obrigkeitliches Organ (das Familienhaupt oder die Ältesten), welches das Urteil spricht und vollzieht. Es entwickelt sich ein Prozeß, dem eine solenne Anklage ursprünglich nicht eigen ist.

1. Mose 38, 24 heißt es: „Es wurde Juda berichtet: Deine Schwiegertochter Thamar hat gehurt . . ." Das glaubwürdige Gerücht, auf Grund dessen das Strafverfahren eingeleitet wird, ist bei Verbrechen dieser Art der natürlichste Ankläger.[7]

---

[1] Richt. 9, 4. [2] Richt. 11, 3. [3] 1. Sam. 22, 2.

[4] Riehm (Srafrecht) meint: „Die einen (der geschlechtlichen Vergehungen) sollen als das Volk und das Land verunreinigende, von Gott verabscheute sittliche Greuel in analoger Weise wie die Religionsverbrechen und mit gleicher Strenge geahndet werden." Riehm rechnet hierzu die Verletzungen der Heiligkeit eines bestehenden Eherechtes, also den Ehebruch.

[5] 1. Mos. 38.

[6] 2. Mos. 22, 18; 3. Mos. 20, 13, 15 f. Michaelis 5. Bd. § 270.

[7] Vgl. 1. Mos. 18, 20. „Da sprach Jahwe: Das Geschrei über Sodom und Gomorra, das ist groß, und ihre Verschuldung, — wahrlich sie ist sehr schwer! Darum will ich hinab, um zu sehen, ob sie wirklich alle so gehandelt haben,

Je schärfer man die Verschuldung der Gemeinschaft betont, umsomehr muß dieser die Strafverfolgung angelegen sein, und es ist eine natürliche Folge, daß in Ermangelung eines öffentlichen Anklägers jeder Israelit, der von dem Verbrechen weiß, zur Anklage verpflichtet wird.[1]

Der Gedanke, daß die Schuld des Einzelnen auf der Gemeinschaft ruht, wird von den Sittlichkeitsverbrechen auf andere Verbrechensgebiete übertragen. Schon das Bundesbuch befiehlt in 2. Mose 22, 17: „Eine Zauberin sollst du nicht leben lassen“. Da auch hier jeder unmittelbar Verletzte fehlt, greift die Popularstrafklage ergänzend ein. Eine weitere Ausdehnung findet die öffentliche Strafe auf Verbrechen, die sich unmittelbar gegen Jahwe richten, mit Aufstellung des Rechtssatzes:[2] „Wenn jemand anstatt Jahwe allein den Götzen opfert, soll er dem Blutbanne verfallen.“ Wer dem Blutbanne verfällt, soll durch Menschenhand umgebracht werden. „Wenn irgend Menschen mit dem Banne belegt werden, so dürfen sie nicht losgekauft werden, sondern müssen getötet werden.“[3] Die Tötung des Gebannten ist zunächst Rache Jahwes, da aber ihre Vollziehung dem Volke als heilige Pflicht auferlegt wird und demnach im Interesse der Allgemeinheit geschieht, zugleich Strafe.

Ob die Strafe in 2. Mose 22, 18 im Verbrennen oder bei allen drei Verbrechen, 2. Mose 22, 17—19, in der Steinigung bestand, ist nicht festzustellen. Der Feuertod[4] findet sich außer in 1. Mose 38, 24 noch in 3. Mose 20, 14 und 3. Mose 21, 9, und bei einem anderen als einem Sittlichkeitsverbrechen nur in Jos. 7, 15, doch auch hier nur neben der Steinigung. In anderen Fällen scheint diese in Anwendung gekommen zu sein. Möglich ist auch, daß die Steinigung die jüngere Strafe ist, und daß die wenig erhaltenen Fälle des Feuertodes Überreste einer Todesstrafe sind, die in älterer Zeit allgemein üblich waren.

---

wie die Gerüchte über sie melden, die vor mich gekommen sind, oder nicht; ich will es erfahren.“ Das Gerücht veranlaßt Gott zur Untersuchung und zum Strafverfahren gegen die sündigen Städte. 1. Mos. 4, 10 sagt Gott zu Kain: „Horch, das Blut deines Bruders schreit zu mir vom Erdboden her.“ — Der in diesen Stellen angedeutete Strafprozeß erinnert an die germanische inquisitio, utrum clamorem, qui venit, veritas comitetur.

[1] Vgl. 5. Mos. 13, 6 f.; 17, 4 f.; 19, 15 und 16; 1. Kön. 21, 13.

[2] 2. Mos. 22, 19. [3] 3. Mos. 27, 29.

[4] Nowack § 61: „Das 3. Buch Mose 20, 14; 21, 9 geforderte Verbrennen für besonders starke geschlechtliche Frevel ist nach Jos. 7, 15, 25 vielleicht vom Verbrennen der durch Steinigung Getöteten zu verstehen, also von einer Verschärfung der Todesstrafe in ähnlicher Weise, wie man die Getöteten aufhängte (2. Sam. 4, 12; Jos. 10, 26; 8, 29; vgl. 5. Mos. 21, 22), sie unbegraben ließ, die schärfste Strafe, die es für einen alten Israeliten gab. 2. Sam. 21, 9.“

Der Steinigung[1] liegt ein doppelter Gedanke zu Grunde: Durch das Verbrechen ist die Gesamtheit verletzt, sie fordert durch gemeinsame Rachehandlung Genugthuung. Durch das Verbrechen ist die Gesamtheit verschuldet, sie befreit sich von der Schuld durch Ausstoßung des unlauteren Gliedes.[2]

§ 13. **Vorsatz.**

Das mosaische Recht geht davon aus, daß jede objektiv rechtswidrige That mit Strafe belegt wird. Die Schuldseite bleibt unberücksichtigt. Es kann daher von einem Verbrechen im eigentlichen Sinne noch nicht gesprochen werden. Dieser Periode gehört 1. Sam. 14 an. „Saul nimmt dem Volke folgenden Eid ab:[3] Verflucht sei jeder, der etwas ißt bis zum Abend, bis ich an meinen Feinden Rache genommen habe!" Saul giebt dem Volke eine bindende Norm, der Jonathan zuwider handelt, da es diesem aber entgangen ist, daß sein Vater den Eid von den Leuten gefordert hat, ohne jede Schuld. Diese Thatsache läßt der Verfasser als unwesentlich außer Betracht, wie sie denn auch Jonathan, über den das Todesurteil gesprochen wird, auf die Frage seines Vaters: „Thue mir kund, was hast du gethan?" verschweigt. Wie das objektiv rechtswidrige Handeln gegen das spezielle Gebot Sauls Bedingung des von ihm gesprochenen Fluches ist, so tritt auch bei einer generellen Norm die angedrohte Strafe im Falle jeder Übertretung ein, ungeachtet dessen, ob der Thäter schuldhaft gehandelt hat, oder nicht. — Noch in der Erzählung, die der Jahwist 1. Mose 9, 22 giebt, weist nichts darauf hin, daß der Blick Hams vorsätzlich auf die Scham seines Vaters gefallen ist. Wird das Schuldmoment außer Betracht gelassen, so ist es natürlich, daß das Tier in gleicher Weise verbrechensfähig ist, wie der Mensch.

[1] Nowack § 61: „Die Sitte der Steinigung hing vielleicht mit der Anschauung zusammen, daß das Gericht im Namen und Auftrage des Volkes oder der Gemeinde vollzogen wurde, sie geschah außerhalb der Städte, 1. Kön. 21, 10—13; 3. Mos. 24, 14; 4. Mos. 15, 35, und zwar mußten die Zeugen (Ankläger), nachdem sie die Hände auf den Schuldigen gelegt und ihn so förmlich und feierlich als Schuldigen dargestellt hatten (3. Mos. 24, 14), zuerst Steine auf ihn werfen." 5. Mos. 13, 10; 17, 7.

[2] Jüngerer Zeit gehört die Prügelstrafe an. Sie wird erwähnt vom Deuteronomiker 5. Mos. 25, 1—3. Nowack § 61: „Freiheitsstrafen finden sich weder im Bundesbuche noch im Deuteronomium oder Priesterkodex, erst gegen Ende der vorexilischen Zeit hören wir von Gefängnissen, in denen man staatsgefährliche Leute, wie Jeremia und andere unschädlich zu machen suchte." Vgl. Jer. 20, 2; 29, 26 f.; 32, 2 f.; 33, 1; 37, 15 f.; 38, 28. Michaelis 5. Bd. § 235: „Strafen, die in Beschimpfung nach dem Tode bestehen."

[3] V. 24.

2. Mose 21, 28: „Wenn ein Rind einen Mann oder eine Frau totstößt, so soll das Rind gesteinigt, und darf sein Fleisch nicht gegessen werden; . . .“ Vgl. V. 29.

3. Mose 20, 15: „Wenn sich jemand mit einem Tiere fleischlich vermischt, so soll er mit dem Tode bestraft werden, und auch das Tier sollt ihr töten.“ Vgl. auch V. 16.

1. Mose 9, 5: „Euer eigenes Blut aber will ich rächen; an jedem Tiere will ich es rächen“.

Dementsprechend erstreckt sich das Gebot der Sabbatfeier auch auf das Hausvieh.[1]

Zwischen vorsätzlicher und unvorsätzlicher Handlung wird zuerst bei der Tötung[2] unterschieden, eine Unterscheidung, die uns schon zur Zeit des Elohisten begegnet. Im Bundesbuche 2. Mos. 21, 12 wird schlechthin gesagt: „Wer einen anderen schlägt, so daß er stirbt, der soll sterben“. Die Thatsache des Schlagens mit tötlichem Erfolge ist sonach die alleinige Bedingung der Strafandrohung. In gleicher Weise verbietet der Dekalog das Töten schlechthin, ohne daß das Schuldmoment irgendwie Erwähnung findet. Daß aber 2. Mose 21, 12 und das Gebot im Dekaloge sowohl das vorsätzliche wie unvorsätzliche Töten umfassen und demnach aus der älteren Zeit stammen, erhellt aus 2. Mose 21, 13 und 14, Verse, die sich als Zusätze zu 2. Mose 21, 12 darstellen und einer jüngeren Zeit angehören. Sie betonen die subjektive Seite des Verbrechens. Man hat erkannt, daß der Mensch eine Handlung setzen kann, ohne sie und ihren Erfolg zu wollen, daß er gleichsam das Werkzeug einer höheren Macht ist, „es Gott durch ihn so gefügt hat“. Noch gilt die unvorsätzliche Tötung als ein Verbrechen, aber als ein Verbrechen, das privilegiert wird: Wer einen anderen schlägt, so daß er stirbt, es aber nicht vorsätzlich gethan hat, soll geschützt werden, wenn er in eine eigens zu diesem Zwecke bestimmte Asylstätte[3] flüchtet.

Da das Schicksal des Thäters ganz in den Händen des Rächers liegt, und eine gerechte Vergeltung von dessen Rechtsgefühl abhängig ist, gilt es, dem Volke die neu gewonnene Unterscheidung der vorsätzlichen und unvorsätzlichen Tötung faßlich darzustellen.[4] Solche

---

[1] 2. Mos. 20, 10.

[2] Michaelis 5. Bd. § 273. Unterschied zwischen Mord und Totschlag. Saalschütz Kap. 71.

[3] Nowack § 61; ferner Allen Page Bissel, The Law of Asylum in Israel. Leipzig 1884.

[4] Vgl. dagegen Nowack § 61: „Einen wesentlichen Fortschritt in der Einschränkung der Blutrache bezeichnet der zuerst im Bundesbuche uns entgegentretende Versuch, zwischen Mord und unvorsätzlicher Tötung zu unterscheiden — ein Versuch, der eine gewisse Gerichtsorganisation voraussetzt.“

anschauliche Rechtsdarstellungen finden sich sowohl in den Gesetzessammlungen, wie in den Erzählungen der verschiedensten Zeiten von einem Elohisten bis zum Priesterkodexe.

Das Bundesbuch sagt:[1] „Vorsätzliche Tötung liegt vor, wenn einer eine offenbare Frevelthat begeht, indem er einen anderen auf hinterlistige Weise totschlägt, unvorsätzliche, wenn es Gott durch ihn so gefügt hat“. Der Deuteronomiker[2] stellt als Beweis vorsätzlicher Tötung vorgängige Feindschaft hin, statt unvorsätzlich bedient er sich des Ausdruckes „unversehens“ und erläutert dieses Wort durch folgendes Beispiel: „Wenn einer mit seinem Nächsten in den Wald geht, um Holz zu fällen, und es holt seine Hand mit der Axt aus, um einen Baum zu fällen, und das Eisen fährt vom Stile ab und trifft seinen Nächsten, ein solcher mag sich in eine Freistadt flüchten“. Der Priesterkodex gedenkt mehrerer spezieller Fälle,[3] dann heißt es:[4] „Es soll nur dann vorsätzliche Tötung vorliegen, wenn der Thäter dem Gegner aus Haß einen Stoß giebt oder absichtlich auf ihn wirft, so daß dieser stirbt, ferner wenn er ihn aus Feindschaft mit der Hand schlägt, so daß er stirbt, nicht aber, wenn er von ungefähr stößt, ohne daß Feindschaft vorliegt, oder wenn er unabsichtlich irgend ein Geräte auf ihn wirft, oder einen Stein, durch den einer getötet werden kann, auf ihn fallen läßt, während er doch keine Feindschaft gegen ihn hegt und ihm nichts Böses zufügen will.“ — Ein Merkmal des Vorsatzes, das in allen Quellen wiederkehrt, ist die Feindschaft, die der That vorausgehen muß. Wenn jemand seinen persönlichen Feind tötet, dann spricht die Vermutung dafür, daß die Tötungshandlung beabsichtigt ist.[5]

Vortrefflich wird die verbrecherische Schuld in der Erzählung von dem Brudermorde[6] gekennzeichnet, die der Jahwist nicht ohne Tendenz giebt, und die einen rechtsbelehrenden Charakter verrät. „Als Kain bemerkte, daß Gott auf Abel und dessen Opfer schaute, nicht aber auf das seinige, da wurde er sehr ergrimmt, und es senkte sich sein Antlitz.“ Es wird sonach zunächst der Haß und die Feindschaft Kains gegen seinen Bruder betont. Darauf heißt es: „Jahwe sagte zu Kain: Wenn du aber nicht recht handelst, so lauert die Sünde vor der Thür, und nach dir geht ihr Verlangen, du aber sollst Herr werden über sie“. Die bessere Stimme wird in Kain laut und zeigt ihm das Vorhaben in seiner Wirklichkeit, als Weg zur Sünde. Das Gute und Böse kämpft um die Herrschaft. „Da sagte Kain zu

[1] 2. Mos. 21, 13 und 14.
[2] 5. Mos. 19, 4.
[3] 4. Mos. 35, 16—18.
[4] 4. Mos. 35, 19.
[5] Das mosaische Recht bedient sich zur Feststellung eines psychischen Zustandes nicht selten der Vermutung, vgl. z. B. 5. Mos. 22, 23—27.
[6] 1. Mos. 4.

seinem Bruder Abel: ‚Laß uns auf das Feld gehen!‘ Und als sie auf dem Felde waren, da griff Kain seinen Bruder Abel an und schlug ihn tot“. Es liegt alles vor, was 2. Mose 21, 14 mit den Worten fordert: „Wer aber gegen den anderen eine offenbare Frevelthat begeht, indem er ihn auf hinterlistige Weise totschlägt . . .“ Wenn Kain die Ruhe besitzt, einen tückischen Plan zu schmieden und ihn kaltblütig zur Ausführung bringt, so hat er auch Zeit und Ruhe gefunden, den verbrecherischen Inhalt seiner Handlung zu erkennen.

Daß auch nach mosaischer Rechtsanschauung der Vorsatz nicht blos den dolus praemeditatus, wie in 1. Mose 4, sondern auch den „überhasteten Entschluß“ in sich schließt, beweist 2. Mose 2, 11 f.: „Als Mose bemerkte, wie ein Ägypter einen Hebräer, einen seiner Volksgenossen, schlug, wandte er sich nach allen Seiten um, und wie er sah, daß niemand zugegen war, erschlug er den Ägypter und verscharrte ihn im Sande“. Mose handelt im Affekte. Schnell ist der Entschluß gefaßt. Der von dem heißblütigen Manne an dem Ägypter verübte Todschlag stellt sich als ein Ausbruch der bittersten Feindschaft und als ein Akt der Rache dar. Hat Mose aus Feindschaft getötet, so mit Vorsatz, wenn auch nicht mit Vorbedacht.

Das, was man bei der Tötung als wesentliches Verbrechensmerkmal entdeckt hat, wird auf andere Verbrechen ausgedehnt. Noch der Jahwist läßt 1. Mose 12, 10—20 die Willensseite unerwähnt, während bei der Schilderung des gleichen Vorganges der Elohist einem Abimelech in den Mund legt:[1] „Herr! du wirst doch nicht Unschuldige umbringen! Hat er (Abraham) doch selbst zu mir gesagt: Sara ist meine Schwester“.

Allmählich wird der Vorsatz zu einem Bestandteile, der allen Verbrechen zukommt. So enthält der Priesterkodex eine allgemeine Bestimmung:[2] Nur derjenige, der vorsätzlich einer Norm Gottes zuwiderhandelt, ist strafbar. „Wenn sich (aber) jemand unvorsätzlich gegen irgend eines der Verbote Jahwes vergeht, so daß er irgend etwas Verbotenes thut,“ soll er Jahwe ein Sündopfer darbringen.

---

§ 14. **Fahrlässigkeit.**

Hat sich schon langsam die Unterscheidung zwischen vorsätzlichen und unvorsätzlichen Verbrechen entwickelt, so noch langsamer der Begriff der Fahrlässigkeit.

Zunächst finden sich im Bundesbuche[3] einige fahrlässige Handlungen, die als privilegierte Verbrechen erscheinen. Bei ihnen ist

[1] 1. Mos. 20, 4. [2] 3. Mos. 4, 1 und bes. V. 27. [3] 2. Mos. 21, 28—36.

das Wesen der Fahrlässigkeit insofern erkannt, als man zwar den Thäter verantwortlich macht, seine Schuld aber im milderen Lichte ansieht.

1. „Wenn ein Rind schon längst stößig gewesen ist, und man dies seinem Besitzer vorgehalten, und er es trotzdem nicht sorgfältig gehütet hat, so soll das Rind, wenn es einen Mann oder eine Frau totstößt, gesteinigt, aber auch sein Besitzer getötet werden." Daß es sich um ein privilegiertes Verbrechen handelt, geht aus dem nächsten Verse hervor, der die Buße für zulässig erklärt: „Wenn ihm (dem Besitzer des Rindes) ein Lösegeld auferlegt wird, soll er als Lösegeld für sein Leben soviel bezahlen, als ihm auferlegt wird."

2. „Wenn jemand eine Cisterne offen läßt, oder wenn jemand eine Cisterne gräbt, ohne sie zuzudecken, und ein Rind oder ein Esel hineinfällt, so soll der Eigentümer der Cisterne den Besitzer desselben mit Geld entschädigen, das tote Tier aber soll ihm selbst gehören."[1]

Erst der Priesterkodex hebt bei einem Verbrechen in 3. Mos. 5, 4 die der Fahrlässigkeit wesentlichen Merkmale hervor: „Wenn jemand leichtfertiger Weise schwört, daß er irgend etwas thun wolle, worauf man etwa leichtfertiger Weise einen Schwur setzt, ohne daß er sich dessen bewußt wird, es aber (nachher) inne wird, und durch irgend etwas derartiges in Schuld gerät, so soll er . . . bekennen, wessen er sich schuldig gemacht hat."

Als ein allgemeines Verbrechensmerkmal ist die Fahrlässigkeit nicht erkannt worden.

§ 15. Versuch, Mitthäterschaft, Beihilfe.

Die Begriffe des Versuchs und der Vollendung, wie der Mitthäterschaft und Beihilfe sind in dem mosaischen Rechte gänzlich unentwickelt geblieben.

§ 16. Das geschriebene Recht.

Das Recht, wie es bisher in dieser Arbeit zur Darstellung gebracht worden ist, zeigt den Charakter des Gewohnheitsrechtes, wird von den Einzelnen im Volke selbständig ausgeübt und fortgebildet und stellt sich demnach als ein Erzeugnis langjähriger Geschichte

[1] Da dem mosaischen Rechte die scharfe Scheidung zwischen Strafrecht und bürgerlichem Rechte unbekannt ist, kann dieses Beispiel ohne Bedenken angeführt werden.

dar. Das Recht, wie es uns dagegen in den fünf Büchern Mose entgegentritt, ist geschriebenes Recht, nicht vom Volke geschaffen, sondern ihm von Jahwe in der Gesetzgebung am Sinai auferlegt. Es steht außerhalb der Geschichte, erscheint als eine Offenbarung Gottes und erweist sich daher als ein Wunder.

Der Umstand, daß das gesamte israelitische Recht unmittelbar oder mittelbar[1] von Jahwe hergeleitet wird, wie die Thatsache, daß die Gesetzgebung in die älteste Zeit der Geschichte des Volkes verlegt wird, lassen den Schluß zu, daß die Entwickelung des Rechts schon seit alters mit dem Kultus Jahwes in enger Beziehung steht.

Bei unkultivierten Völkern fallen der Religion Aufgaben zu, die nach unserer Anschauung dem Bereiche der Staatsgewalt angehören. So wird man sich in Israel zu einer Zeit, wo es an einem Staate und Richterstande noch fehlte, und die Handhabung des Rechtes ganz von dem Wissen und Gewissen des Verletzten und seiner Sippe abhängig war, in schwierigen Rechtsfragen an die Autorität gewandt haben, die allein im Volke über die einzelnen Sippen hinaus allseitige Anerkennung fand. Dieses wird um so häufiger eingetreten sein, je mehr das Gewohnheitsrecht bestimmte Rechtssatzungen ausbildete, und der Einzelne über ihre gerechte Handhabung leichter in Zweifel geraten konnte. Wurde z. B. das Recht zur Rache bestritten, oder entstanden Zweifel über die Pflicht zur Buße, so stand Jahwe als einziger Richter über den Parteien. Nur er konnte befragt werden. Die Antwort erging in Orakeln.

Auf solche Rechtsentscheide Jahwes finden sich im alten Testamente zahlreiche Hinweise. So wird bei der Erwähnung des Besuches Jethros in der Wüste 2. Mos. 18, 13 f. erzählt: „Des anderen Tages setzte sich Mose hin, um dem Volke Recht zu sprechen; da traten Leute vor Mose hin vom frühen Morgen bis zum Abend. Als nun der Schwiegervater Mose sah, wie er (fortwährend) für die Leute zu thun hatte, sagte er zu ihm: ‚Was machst du dir mit den Leuten zu thun? Warum sitzest du allein (zu Gericht), während alle Leute dich überlaufen ...?‘ Mose erwiderte seinem Schwiegervater: ‚Ja, die Leute kommen zu mir, um ein Orakel zu holen! Wenn sie eine Rechtssache haben, kommen sie zu mir, damit ich entscheide, wer von beiden Recht hat, und verkünde die Rechtssprüche und Entscheide Gottes.‘ Hierauf bemerkte Jethro: . . . ‚Bleibe du selbst für das Volk Sachwalter bei Gott und bringe die Rechtssachen vor Gott. Und belehre sie über die Rechtssatzungen

[1] Das Gesetz ist unmittelbar von Jahwe gegeben, soweit er es selbst niedergeschrieben und verkündet, mittelbar, soweit er es durch seinen Mittler Mose dem Volke offenbart hat. Vgl. 5. Mos. 5, 19 f.

und Entscheide und weise ihnen den Weg, den sie wandeln sollen, und was sie thun sollen. ...'" Es wird demnach ausdrücklich hervorgehoben, daß die Rechtssatzungen und Entscheide von Jahwe ausgehen, als dessen Organ sie Mose dem Volke verkündet.

Auch die Rechtssprüche der Prophetin Debora stützen sich auf keine andere Autorität, wie Gott. Es heißt:[1] „Debora, eine Prophetin, das Weib Lapidoths, sprach Israel zu jener Zeit Recht. Und zwar wohnte sie unter der Deborapalme zwischen Rama und Bethel auf dem Gebirge Ephraim, und die Israeliten pflegten zu ihr hinzugehen, um sich Urteilssprüche bei ihr zu holen." Die Worte beweisen, daß es sich durchaus nicht um eine Rechtsprechung im eigentlichen Sinne handelt, denn sie ist keine rechtlich normierte, vielmehr eine rein private. Sie wird auf Grund freiwilliger Übereinkunft der Parteien gefordert. Die von Jahwe gefällten Entscheide sind nicht durch die Staatsgewalt erzwingbar, sie werden lediglich aus Furcht vor der strafenden Gottheit befolgt. Debora ist nicht als Richterin in Israel eingesetzt. Zu ihr „pflegen" die Leute um deswillen zu gehen, weil sie sich eines erhöhten Ansehens erfreut und als Seherin Gottes Willen klarer schaut.

Die Rechtsprechung Jahwes wird besonders an den bekannten Opferstätten gepflogen worden sein. So wird erzählt:[2] „Samuel übte das Richteramt über Israel sein Leben lang aus, und zwar wanderte er Jahr für Jahr umher und besuchte Bethel und Gilgal und Mizpa und sprach Israel an allen diesen Stätten Recht. — Dann kehrte er nach Rama zurück, denn da wohnte er und sprach er (die übrige Zeit) Israel Recht. Und er errichtete daselbst Jahwe einen Altar. Als aber Samuel alt geworden war, bestellte er seine Söhne zu Richtern über Israel. Sein erstgeborener Sohn hieß Joel, sein zweiter Abia; sie sprachen zu Beerseba Recht."

Als solche Rechtssprüche Jahwes sind die Satzungen des Bundesbuches aufzufassen. Als ein Beispiel aus jüngerer Zeit sei auf 3. Mos. 24, 10f. verwiesen, eine Stelle, die vom Priesterkodex herrührt. „Da lästerte der Sohn der Israeliten den Namen (Jahwes) und fluchte; da brachten sie ihn zu Mose, und sie legten ihn in Gewahrsam, bis ihnen Weisung zukäme auf Grund eines Ausspruchs Jahwes. Und Jahwe redet mit Mose also . . . , zu den Israeliten aber sollst du also sprechen: ‚Wer irgend seinem Gott flucht, der lädt Sünde auf sich. Und wer den Namen Jahwes lästert, soll des Todes sterben.'"

Eine bedeutende Wandlung in der Art der Rechtsprechung hat sich vollzogen. Nicht mehr die streitenden Parteien, sondern Israel

[1] Richt. 4, 4. [2] 1. Sam. 7, 15f.

in seiner Gesamtheit geht Jahwe um eine Entscheidung an. Dieser spricht nicht mehr zu den Einzelnen, sondern zu dem Volke, fällt nicht eine Entscheidung für einen speziellen Fall, will vielmehr eine generelle Satzung geben.

Waren die Rechtssprüche ursprünglich nur private Auslegung des Gewohnheitsrechtes, so haben sie im Laufe der Zeit, gestützt auf die Autorität Jahwes, über den einzelnen Rechtsfall hinaus sich Geltung verschafft und werden jetzt auch für künftige gleichartige Fälle als Richtschnur angesehen. Wie Jahwe von dem sinnlich wahrnehmbaren Gotte, der mit den Menschen wie ein Mensch verkehrt, zu dem geistigen Gotte des Volkes geworden ist, so befreien sich seine Rechtssprüche mehr und mehr von dem konkreten Thatbestande und werden abstrakte Gebote, für die Gesamtheit des Volkes bestimmt. Allmählich beginnt man die Entscheidungen niederzuschreiben, zu sammeln und in ein System zu bringen. Die Interpretation des Gewohnheitsrechtes wird geschriebenes Recht. Dieses nimmt den Charakter eines Gesetzes an und wird schließlich, obgleich thatsächlich im Laufe von Jahrhunderten entstanden und mit zahlreichen Geboten aus jüngster Zeit und der verschiedensten Art verquickt, von einem großen gesetzgeberischen Akte Jahwes hergeleitet, von der Gesetzgebung am Sinai. Am Sinai verkündet Gott seinem Volke das Recht, und zwar das gesamte Recht. Jahwes Wille wird Gesetz. In dem Gesetze offenbart er sich seinem Volke.

Aus der Art, in der das mosaische Recht im alten Testamente zur Darstellung gebracht wird, müssen sich folgende Konsequenzen ergeben.

1. Will Jahwe im Gesetze dem Volke den Lebenswandel vorschreiben, den er von ihm fordert, so muß sich die Gesetzgebung auch auf Gebiete erstrecken, die nach unserer Auffassung dem Rechte fernliegen. Sie wird z. B. die Moral, sakrale Vorschriften und hygieinische Bestimmungen in den Kreis ihrer Herrschaft ziehen.

2. Werden sämtliche Gebote als Ausfluß des Willens Jahwes gefaßt, so muß ihre Verletzung auch eine Verletzung Jahwes in sich schließen. Wer wider Gottes Willen handelt, thut Sünde; wer Sünde thut, verfällt der Strafe. Das, was sich als Sünde darstellt, ist das Handeln wider Gottes Willen. Die Strafe muß demnach bei sämtlichen Verbrechen grundsätzlich die gleiche sein. Ob das Gebot: „Eine Witwe oder Waise sollt ihr nimmermehr bedrücken“ oder das Gebot: „Du sollst nicht töten“ übertreten wird, ist für die Strafe unwesentlich. Hier wie da ist Gott der Verletzte, denn gegen seinen Willen ist gehandelt worden. Die Strafe besteht in der Steinigung.

3. Durch die Sünde wird Jahwe erzürnt, durch den Tod des

Schuldigen soll er versöhnt, und die Gemeinschaft des Schuldigen gereinigt werden. Da aber Gott der Träger des Friedens und Wohles seines Volkes ist, zeigt der Opfertod bereits das Wesen einer öffentlichen Strafe. Das Strafrecht wird zum öffentlichen Recht.

Es bleibt eine offene Frage, inwieweit das Recht, wie es uns in den Büchern Mose entgegentritt, geltendes Recht gewesen ist, inwieweit das Ideal der Verfasser;[1] jedenfalls werden selbst in der uns vorliegenden Rechtsdarstellung die soeben angeführten Grundsätze nicht streng durchgeführt. Die Strafe der Steinigung, die prinzipiell bei sämtlichen Geboten als selbstverständlich zu ergänzen ist, wird aus rein praktischen Gründen lediglich bei den Verbrechen hervorgehoben, die besonders strafwürdig erscheinen. Die Buße gänzlich zu beseitigen, scheint unmöglich, wohl aber wird sie bei gewissen Verbrechen untersagt, wo man die Todesstrafe unbedingt für erforderlich erachtet. Die Rache, der Typus der Privatstrafe, wird nicht beseitigt, aber der Rächer als Organ der Gesamtheit gefaßt und die Steinigung subsidiär geboten.[2]

---

[1] Die Geschichte der israelitischen Litteratur steht mit der Art der Rechtsdarstellung im alten Testamente in engem Zusammenhange. Die ältesten Überlieferungen sind Volksdichtungen, Legenden, geschichtliche Aufzeichnungen; sie schildern Gott, wie ihn das Volk sich vorstellt und abbildet. Allmählich werden diese Überlieferungen im Sinne der Priester und Propheten, die die Herrschaft über die gesamte Litteratur antreten, umgearbeitet; ihnen werden feste Tendenzen aufgeprägt. Jahwe wird zu dem unsichtbaren, alleinigen Gott. Diese neue Auffassung Gottes ist das Erzeugnis einer Lehre, die von Leuten ausgebildet worden ist, die an Bildung über dem Volke stehen, das immer von neuem zu dem grobsinnlichen Kultus eines Baal oder Milkom zurückfällt. Der neugeschaffene Jahwe steht im Mittelpunkte auch der Darstellung des Rechts. Nicht nur, daß sakrale Vorschriften bei weitem überwiegen, vor allem ist es der Gedanke, daß Jahwe als die Quelle des gesamten Rechts ausgegeben wird, was dem mosaischen Rechte das eigentümliche Gepräge giebt.

[2] Ähnlich wie der Verfasser erklärt auch **Benzinger** den Ursprung des mosaischen Rechts. Vgl. Hebräische Archäologie von Dr. H. **Benzinger**, 1894, § 44 Ursprung und Charakter des israelitischen Rechts: „Der Ursprung liegt in der Sitte. Das Recht der Nomadenstämme ist nichts anderes, als die Stammessitte. . . . Eine zweite selbständige Quelle des hebräischen Rechts liegt darin, daß die Hebräer neben den rechtsprechenden Geschlechts- und Stammeshäuptern wie alle alten Völker noch einen anderen Rechtsprecher kennen: den Stammesgott, den Volksgott, Jahwe, der durch seine Diener, die Priester, Rechtsentscheide erteilt. . . . Die Torah ist nicht etwas vollständig von der Sitte Isoliertes gewesen, vielmehr steht sie in steter lebendiger Wechselwirkung mit derselben. . . . Wo sich noch keine feste Sitte gebildet hat, da will man gern durch den Priester den Bescheid der Gottheit holen (Ex. 15, 25; 18, 15, 19), freilich hat auch ihr Entscheid nur moralische, keine gesetzliche Autorität, aber diese ist die denkbar größte. Der Spruch der Gottheit wird zum Gesetz, nach der einen Torah werden die späteren ähnlichen Fälle entschieden. So bildet sich auch hier eine Tradition, ein Gewohnheitsrecht heraus. Aus diesem Ur-

§ 17. Gesetz und Moral.

An Kain ergeht die Warnung:[1] „Ist's nicht also, wenn du gut[2] handelst, so kannst du dein Antlitz frei erheben; wenn du aber nicht gut handelst, so lauert die Sünde[3] vor der Thür und nach dir geht ihr Verlangen, du aber sollst Herr werden über sie!" Jahwe unterscheidet zwischen böse handeln und Sünde thun. Wer böse handelt, thut um deswillen noch nicht Sünde, läuft nur Gefahr, ihr Opfer zu werden. Das böse Handeln drückt mehr einen psychischen Zustand aus, das Sünde Thun ist das Handeln wider Gottes Willen.

„Jahwe sprach zu Noah:[4] Gehe du und dein ganzes Haus hinein in den Kasten, denn ich habe dich rechtschaffen[5] vor mir erfunden in diesem Geschlecht." Weil Noah „recht"mäßig gelebt hat und daher frei von Sünden ist, wird er von Gott errettet, die übrigen Menschen haben „rechts"widrig gehandelt, sind schuldbeladen, darum verfallen sie der Strafe.

„Als Jahwe sah,[6] daß die Bosheit der Menschen groß ward auf Erden, und das Dichten und Trachten ihres Herzens allezeit nur böse[7] war, da . . . sprach er: ‚Ich will die Menschen, die ich geschaffen habe, hinwegtilgen von der Erde . . .'" Die sittlich schlechte Gesinnung ist richtiger Auslegung nach nicht unmittelbar der Anlaß zu dem Entschlusse Gottes, die Menschheit zu vernichten, vielmehr faßt der Jahwist das „böse sein" lediglich als die entferntere Ursache, als die Ursache der Sünde. Weil der Mensch böse ist, deshalb handelt er wider Gottes Gebot, weil er wider Gottes Gebot handelt, deshalb Gottes Zorn und Strafe. So heißt es auch:[8] „Die Leute von Sodom

---

sprung des Rechts erklärt sich auch sein Umfang, namentlich die für unsere moderne Anschauung auffällige Thatsache, daß alle Vergehen gegen die Religion und den Kult zugleich als Verletzung des Rechts gelten. Die Verehrung des Stammesgottes bildet eben einen Teil — und nicht den unwesentlichsten — der Stammessitte."

[1] 1. Mos. 4, 7 (J).

[2] הֵיטִב Hif. von יָטַב = „sittlich gut" im Gegensatz zu „gesetzmäßig" handeln. Die Übersetzung von Kautzsch „recht handeln" ist falsch.

[3] חַטָּאת = Sünde, Verschulden, das die Strafe Bedingende, daher auch die Strafe selbst. 1. Mos. 18, 20: „Das Geschrei über Sodom und Gomorra, das ist groß und ihr Verschulden (d. h. das, was die göttliche Strafe fordert), wahrlich, es ist sehr schwer!" 1. Mos. 20, 9.

[4] 1. Mos. 7, 1 (J).

[5] צַדִּיק ist der, welcher der gegebenen Norm entspricht und infolgedessen rechtschaffen ist; wer rechtschaffen lebt, ist schuldlos, daher צַדִּיק auch schuldlos bedeutet.

[6] 1. Mos. 6, 5 f. (J).

[7] רַע = böse, schlecht im ethischen Sinne.

[8] 1. Mos. 13, 13 (J).

waren böse und[1] sündigten[2] daher sehr gegen Jahwe." „Ich[3] habe ihn (Abraham) erkoren, damit er seinen Kindern und seinem Hause nach ihm gebiete, den Weg Jahwes einzuhalten, indem sie Recht[4] und Gerechtigkeit[4] üben, damit Jahwe über Abraham kommen lasse, was er ihm verheißen hat."

Das Leben, das Jahwe wohlgefällig ist, wird durch Worte zum Ausdruck gebracht, die nicht der Ethik, sondern dem Rechtsleben entnommen sind. Jahwe fordert in erster Linie, daß der Mensch „recht", d. h. seinen Geboten entsprechend, handelt. Andererseits wird auch das gesetzwidrige Handeln bildlich als ein Verlassen des von Jahwe vorgeschriebenen Weges ausgedrückt.[5] Demgemäß preist der Jahwist in der Erzählung 1. Mos. 22 den unbedingten Gehorsam und die Gottesfurcht als die höchsten Tugenden:[6] Gott „versuchte" Abraham und forderte das, was diesem am teuersten, den einzigen Sohn Isaak, ihm als Opfer darzubringen. Ohne Murren, ja ohne Äußerung des Schmerzes, führte Abraham, wie ihm befohlen, seinen Sohn zur Opferstätte. Dies wird ihm hoch angerechnet. Als er das Messer ergriff, um Isaak zu schlachten, rief ihm der Engel Jahwes vom Himmel zu: „Lege nicht Hand an den Knaben und thue ihm nichts zu Leide! Denn nun weiß ich, daß du Gott fürchtest, da du mir deinen einzigen Sohn nicht verweigert hast." Aus dieser Erzählung, in der Abraham dem Volke als Vorbild hingestellt wird, folgt, daß der Mensch nicht fähig ist, zu ergründen, was gut und böse ist. Diese Kenntnis steht im vollen Maße nur Gott zu. Darum hat er feste Normen gesetzt und ihre Befolgung seinem Volke als heilige Pflicht auferlegt. Daher schließt auch das Gesetz das weite Gebiet der Moral in sich.[7] Der Umstand, daß sich dennoch zahlreiche Ausdrücke finden, die lediglich dem ethischen Leben entnommen sind, daß z. B. zwischen „gut" und „recht" handeln unterschieden wird, deutet darauf hin, daß die Verschmelzung von Recht und Moral nicht schon der älteren Zeit angehört, sich vielmehr erst als eine Folge der Anschauungen des jüngeren Priestertums erweist.

Die von Gott gesetzten Normen sind entweder spezielle oder generelle.

---

[1] Das וְ ist mit „und — daher" wiedergegeben worden. Kautzsch übersetzt es lediglich mit „und".

[2] חטא [3] 1. Mos. 18. 19 (J).

[4] צְדָקָה = das Richtige, das Recht. מִשְׁפָּט = „das Gericht", dann das, worüber gerichtet wird, „die Rechtssache", schließlich das, was vom Richter und Gesetzgeber festgesetzt ist (was Rechtens ist), „das Recht".

[5] 2. Mos. 32, 8 (J E).

[6] 1. Mos. 22, insbes. V. 1 und 12. Erst Jesaia stellt den „Glauben" in den Vordergrund; vgl. Jes. 7, 9 und 28, 16. — 1. Mos. 15, 6 ist überarbeitet.

[7] Das Pharisäertum ist eine Konsequenz des hier entwickelten Gedankens.

In der ältesten Zeit findet ein unmittelbarer Verkehr zwischen Gott und den Menschen statt. Jahwe tritt den Patriarchen in menschlicher Gestalt entgegen,[1] spricht zu ihnen im Traume[2] und rettet den Bedrängten durch sein persönliches Eingreifen.[3] Dieses die Zeit der speziellen Gebote: Gott thut seinen Willen für jeden einzelnen Fall kund. So befiehlt er Abimelech,[4] Sara unverzüglich Abraham zurückzugeben, und spricht zu Abraham:[5] „Laß es dir nicht leid sein wegen des Knaben und wegen deiner Sklavin; gehorche Sara in allem, was sie von dir verlangt."

Das Haus Israel wächst zum Volke empor. Jahwe kann nicht mehr dem Einzelnen seinen Willen verkünden, daher setzt er ihn in Geboten fest, die er dem gesamten Volke für alle Zeiten giebt.[6] Wer diese Bundesgebote übertritt, handelt wider seinen Willen, thut Sünde und verfällt Gottes Zorn und Strafe.

---

§ 18. Die Strafe Jahwes. Verschuldung des Volkes.

In den jüngeren Quellen des alten Testamentes wird Jahwe des irdischen Gewandes entkleidet und verwandelt sich von dem räumlich und zeitlich beschränkten Gotte in den unendlichen und ewigen.[7] Daß diese neue Auffassung ihre Rückwirkungen auf den Charakter der Strafe Jahwes ausübt, ist eine natürliche Folge. Das Wesen, die Voraussetzungen und das Objekt der Strafe werden andere.[8]

Wesen der Strafe: Jahwe wird von dem rächenden zum richtenden. Das Leid, das er zufügt, ist nicht mehr persönliche Genugthuung, erscheint nicht mehr als subjektive, sondern als objektive Vergeltung und ist die natürliche Kehrseite des Unrechtes.[9]

---

[1] 1. Mos. 18 und 19 (J). [2] 1. Mos. 15, 1 (J E). [3] 1. Mos. 19.
[4] 1. Mos. 20, 7 (E). [5] 1. Mos. 21, 12 (E).

[6] Logisch wäre vor der Gesetzgebung am Sinai nur ein Sündigen wider ein spezielles Gebot Jahwes möglich, wie dieses z. B. bei dem Sündenfalle und Brudermorde der Fall ist. Aber es liegt nahe, daß der Verfasser das, was zu seiner Zeit göttliches Recht ist, von ewig her als Recht darstellt. Sollte er das, was Gott am Sinai dem Volke als seinen Willen offenbart, nicht bereits in ältester Zeit von den gottesfürchtigen Patriarchen als befolgt und von den Feinden Jahwes als mißachtet schildern? Lehrt er, daß Gottes Wille Gesetz geworden ist, so muß das, was in ältester Zeit dem Willen Gottes widerspricht, auch dem Gesetze widersprechen, und was der Verfasser als Tugend preist, Gesetzesbefolgung sein.

[7] Der Grieche sucht seinen Gott zu versinnlichen, der Jude zu vergeistigen. Dort schließt die Theologie die Philosophie aus, hier ein.

[8] Doch ist nicht an eine plötzliche, bewußte Umwandlung zu denken. Alte Vorstellungen und Begriffe wirken noch lange nach.

[9] Arten der Strafe: Meist besteht die Strafe in der Vernichtung des

Voraussetzung der Strafe bleibt grundsätzlich, wie bisher, jeder unmittelbare Angriff auf die Person Jahwes. Da sich aber die Person Jahwes als das Urbild des vollkommen guten Lebenswandels darstellt, und dieses Urbild dem Volke nicht in sinnlich wahrnehmbarer Gestalt erscheint, sondern sich im Gesetze offenbart, ist jede Übertretung des Gesetzes Verletzung der Person Gottes und hat daher seine Strafe zur Folge.

Bei dem Objekte der Strafe, das sich ursprünglich nach den Grundsätzen der Rache bestimmt, läßt sich nachweisen, wie ein Jahwist auf einem Umwege zu einer schärferen Fassung gelangt, nach der, abweichend von der Rache, allein der Schuldige von der Strafe betroffen wird. Drei Entwicklungsstufen lassen sich feststellen.

1. Der Lebenswandel des einzelnen Menschen ist Gott, dem Allmächtigen, zu nichtig, als daß er dessen Aufmerksamkeit auf sich zu lenken vermag. Jahwe wird weniger dem Einzelnen, als der Gesamtheit des Volkes oder einer Gemeinde gegenübergestellt. In Adam wird nicht ein Mensch, sondern der Mensch aus dem Paradiese gestoßen. Der sündige Lebenswandel der Menschheit bringt Jahwe zu dem Entschlusse allgemeiner Vernichtung.[1] Als zu Sodom eine Anzahl verrotteten Gesindels seinen verbrecherischen Wandel offenbart, wird die Stadt als sündig den Flammen übergeben, und in 1. Mos. 15, 16 heißt es: „Das Maß der Schuld der Amoriter ist noch nicht voll.“ Die Gesamtheit erweist sich als Verbrechenssubjekt und wird bestraft ohne Rücksicht darauf, ob die Einzelnen schuldig sind oder nicht.

2. Man beginnt zu reflektieren. Soll ein gottesfürchtiger Mensch um deswillen, weil er einer sündigen Gemeinschaft angehört, der Strafe verfallen? Widerspricht das nicht der Gerechtigkeit Jahwes? So veranlassen wenige Gerechte Gott zur Geduld, oder Gott muß die Gerechten aus der Gesamtheit aussondern, um sie dem allgemeinen Gerichte zu entziehen. Als Abraham für Sodom Fürbitte einlegt, sagt er:[2] „Ferne sei es von dir, so etwas zu thun, daß du Unschuldige und Schuldige zugleich tötest, und es dem Unschuldigen erginge, wie dem Schuldigen.“ Das Streben nach Gerechtigkeit führt Jahwe zu der außerordentlichen Milde, daß er um zehn Gerechter willen verspricht, die sündige Stadt zu verschonen. Als er dennoch

Sünders oder der sündigen Gesellschaft (Stadt, Volk), aber auch andere Strafen finden sich erwähnt: Adam und Eva werden aus dem Paradiese gestoßen. Kain muß unstät umherirren. Über Ham wird der Fluch des Vaters gesprochen. Zur Salzsäule erstarrt das ungehorsame Weib, während Mirjam der Aussatz befällt. Über die sündige Menschheit bricht die Sintflut herein, während Sodom durch ein Flammenmeer untergeht. Die Rotte Korah wird von der Erde verschlungen, und in das murrende Volk Israel dringen giftige Brandschlangen.

[1] 1. Mos. 6, 5 (J). [2] 1. Mos. 18, 25 (J).

den nächsten Morgen ihren Untergang beschließt, veranlaßt er den rechtschaffenen Lot und seine Familie zur Flucht. Auf einem gleichen Standpunkte steht die Erzählung von der Sintflut und der Errettung Noahs,[1] ferner die Worte:[2] „Von euch soll keiner hineinkommen in das Land, das ich euch durch einen Eid zum Wohnsitz angewiesen habe, außer Kaleb, der Sohn Jephunnes, und Josua, der Sohn Nuns." Josua und Kaleb waren die einzigen, die es gewagt hatten, dem Volke, als es sich gegen Jahwe empörte, entgegenzutreten, und die infolgedessen an der allgemeinen Sünde keinen Anteil hatten.

In den angeführten Fällen wird ebenfalls die Gemeinschaft bestraft, aber der Gottesbegriff hat sich soweit entwickelt, daß in Jahwe das Verständnis für das Thun und Treiben auch der einzelnen Menschen erwacht ist, und daß er ihren gerechten Wandel neben dem gottlosen Treiben der Menge in Anschlag bringt.

3. Es ist ein naheliegender Gedanke, daß Jahwe statt der Gottesfürchtigen die Gottlosen aus der Gesamtheit aussondert, um einmal die Gesamtheit zu erhalten, sodann um keinen Gerechten mit Strafe zu treffen. Auf dieser Entwicklungsstufe steht die Darstellung von dem Untergange der Rotte Korah:[3] „Mose redete mit der Gemeinde also: ‚Zieht euch schleunig zurück von den Zelten dieser gottlosen Männer und berührt nichts von dem, was ihnen gehört, damit ihr nicht (mit) weggerafft werdet, um aller ihrer Sünden willen.'" Am schärfsten ist der neu gewonnene Standpunkt in den Worten 2. Mos. 32, 33 ausgedrückt. Gott sagt: „Wer irgend sich gegen mich verfehlt, den (allein) streiche ich aus meinem Buche."

Zu dem von dem Jahwisten und Elohisten ausgebildeten Begriffe der gerechten Strafe, die **nur** den Schuldigen trifft, stellt sich scheinbar die Lehre von der Verschuldung des Volkes in schroffen Gegensatz, die sich bei diesen Verfassern und namentlich in den jüngeren Quellen vertreten findet. Sie geht dahin, daß die Sünde des Einzelnen als Schuld auf der Gesamtheit lastet, bis dieser aus ihr ausgeschieden wird.

Nach einer Erzählung[4] von unbekannter Hand bricht über ganz Israel eine Hungersnot aus, weil auf Saul und seinem Hause eine Blutschuld liegt. Erst nachdem der König David sieben Männer aus diesem Hause ausgeliefert hat, damit sie in Gibeon auf dem Berge Jahwes ausgesetzt werden, läßt sich Gott für das Land wieder günstig stimmen. Jahwe verspricht, das sündige Sodom um fünf Gerechter willen zu schonen, während er sein Volk wegen eines Sünders den Feinden

---

[1] 1. Mos. 7 (J). [2] 4. Mos. 14, 30 (J E?)
[3] 4. Mos. 16, 26 (J E). [4] 2. Sam. 21.

preisgiebt. So heißt es Jos. 7, 1: „Die Israeliten vergriffen sich treulos an dem Geweihten, denn Achan . . . eignete sich etwas von dem Geweihten an. Da wurde Jahwe sehr zornig über die Israeliten.“ Dadurch, daß Achan sich von dem Gebannten angeeignet hat, scheint das ganze Volk sich vergangen zu haben, und doch erhellt aus den Worten Josuas[1] und daraus, daß Jahwe den Grund seines Zornes erst offenbaren muß, daß an eine Teilnahme des Volkes an dem Verbrechen nicht gedacht werden kann. Die Lösung giebt Vers 12. Das Volk ist dem Banne verfallen, es wird als unrein bezeichnet wegen der Sünde, die in ihm verübt ist. Gott will nicht eher mit Israel sein, als bis es das dem Banne Geweihte aus der Mitte getilgt und sich von dem Verbrechen gereinigt hat. Es soll dadurch einmal die rechtswidrige Folge der Sünde aufheben, indem es das von Achan verborgene Gerät Jahwe zurückgiebt, sodann soll es das sündige Glied aus seiner Mitte ausstoßen, denn so lange Achan in der Mitte des Volkes ungestraft weilt, erscheint dieses selbst schuldbeladen. Dementsprechend wird Achan von dem gesamten Volke gesteinigt. Nachdem dieses geschehen ist, heißt es:[2] „Jahwe aber ließ ab von seinem heftigen Zorne.“ Die Bedrängnis, in die Jahwe Israel bringt, will nicht Vergeltung für ein Unrecht sein, das von dem ganzen Volke verübt ist, ist nicht Selbstzweck, sondern Mittel zum Zweck, ist eine Nötigungshandlung.[3] Der Sünder soll ermittelt und hinweggetilgt werden. Wie sich einst der Rächer und seine Sippe an die Sippe des Verbrechers gehalten hat, bis sich diese durch die Friedloserklärung von dem Verbrecher losgesagt hat, so richtet Gott seinen Zorn gegen das Volk, um es zur Ausscheidung des unlauteren Gliedes zu veranlassen. Die Zugehörigkeit zu dem Volke Israel kann Jahwe gegenüber auf keine andere Weise aufgehoben werden, als durch die Tötung. In der Steinigung kommt die Mitwirkung des Volkes an der Ausstoßung zum Ausdrucke. Durch gemeinsames Zusammenwirken wird der Sünder getötet und so aus der Gemeinschaft gestoßen.[4] Die Steinigung trägt insofern den Charakter des Opfertodes, als es gilt, den Zorn Gottes zu besänftigen; da aber Jahwe Herr und König des Volkes, und seine Gnade und Fürsorge mit dem Wohlergehen Israels gleichbedeutend ist, stellt sich der Opfertod zugleich als öffentliche Strafe dar.

Jahwe will in allen Fällen einer Sünde, d. h. einer Übertretung gegen sein Gebot, den Schuldigen aus der Mitte des Volkes gestoßen

---

[1] V. 10 f. [2] V. 26.

[3] Als eine solche Nötigungshandlung sind z. B. auch die von Mose über den Pharao und sein Volk heraufbeschworenen Plagen anzusehen.

[4] Binding (Normen S. 138) sagt: „Es ist nur folgerichtig, wenn den einzelnen Übertreter in den meisten Fällen der Tod durch Steinigung des Volkes trifft, damit das Volk selbst nicht zum Übertreter werde.“

wissen. Es ist eine von Gott auferlegte Pflicht, den Sünder zu ermitteln und mit dem Tode zu bestrafen. Die Lehre von der Verschuldung des Volkes offenbart sich als ein Mittel, die weltliche Strafe für alle, auch religiöse Verbrechen zu begründen und stellt sich insofern in Widerspruch zu der älteren Vorstellung von der persönlichen Rache Jahwes. Entsprechend dieser Lehre läßt der Elohist[1] nach der Abgötterei Israels mit dem goldenen Kalbe die erste Handlung Moses die sein, daß er befiehlt, sämtliche Schuldige im Volke umzubringen, um den Frieden mit Gott wieder herzustellen.

Als sich Israel an den Baal Peor hängte,[2] wurde Jahwe zornig über Israel. Er sprach zu Mose:[3] „Versammle alle Häupter des Volkes und . . . (setze sie aus) . . . im Angesichte der Sonne, damit der heftige Zorn Jahwes von Israel ablasse!" Da gebot Mose den Befehlshabern des Volkes: „Ein jeglicher töte die seiner Leute, die sich an den Baal Peor gehängt haben!"

Ganz Israel vereinte sich unter den Waffen,[4] um — nach der jüngeren Redaktion — die in Gibea verübte Schandthat zu sühnen und sich so vor Gott zu entlasten.

Mit dem Gesagten steht die Fassung des Dekaloges in Übereinstimmung.[5] Das „Du sollst" und „Du sollst nicht" gebietet dem Volke Israel die Befolgung des göttlichen Willens und die Ahndung seiner Zuwiderhandlungen.

---

§ 19. Das Bundesbuch.

Das Bundesbuch ist, abgesehen von 2. Mos. 34, die älteste Rechtssammlung, die sich im alten Testamente findet. Es bildet ein abgeschlossenes Ganzes. Die einzelnen Vorschriften, von denen mehrere nachweisbar zu einer Zeit entstanden sind, in der das Volk bereits seßhaft war, sind verschiedenen Alters. Sie sind teilweise systematisch

---

[1] 2. Mos. 32, 25 f. [2] 4. Mos. 25, 3 f. (J E).

[3] Der Text ist nicht ganz verständlich. Vgl. die Übersetzung von Kautzsch.

[4] Richt. 20.

[5] Binding (Normen) S. 137: „Das ‚du' der Gebote redet nicht den Einzelnen, sondern das israelitische Volk an: mit ihm schließt Jahwe den Bund." 5. Mos. 5, 1 f. Riehm (Strafrecht); „Als das Prinzip der menschlichen Strafrechtspflege erscheint der Gedanke, daß Gottes Eigentumsvolk verpflichtet ist, für die Aufrechterhaltung bestimmter Grundordnungen des Gottesstaates zu sorgen, Verletzungen derselben in seiner Mitte nicht zu dulden und, falls solche vorgekommen sind, die unantastbare Autorität der gottgeheiligten Rechtsordnung durch Bestrafung des Schuldigen wieder geltend zu machen." 2. Mos. 22, 17; 3. Mos. 20, 2, 7, 16; 4. Mos. 35, 11 f.; 5. Mos. 13, 6; 17, 7, 12; 19, 3, 19; 21, 9, 21; 22, 21, 22, 24; 24, 7.

geordnet. Das Bundesbuch steht gerade am Wendepunkte zwischen privatem und öffentlichem Rechte. Zahlreiche Bestimmungen weisen noch auf die private Rache und Buße hin, während anderen Bestimmungen und dem Ganzen schon der Gedanke aufgeprägt ist, daß um der Gesamtheit, um des Volkes willen die Bestrafung von Jahwe gefordert wird. Aber auch in anderer Hinsicht nimmt das Bundesbuch eine interessante Stellung ein. Während die meisten Satzungen noch deutlich erkennen lassen, daß sie den streitenden Parteien als Rechtsentscheidungen für bestimmte Fälle gegeben sind, erscheinen sie teilweise schon als allgemeine Vorschriften für das Volk und sind insofern nicht mehr Rechtsanwendung, sondern lediglich Gesetz.

I. **Sklavenrecht** (2. Mos. 21, 1—11).

II. **Strafrecht. Älterer Teil** (2. Mos. 21, 12 bis 22, 19).

1. Tötungsverbrechen (2. Mos. 21, 12).

a) Die Tötung ohne Unterscheidung, ob sie vorsätzlich oder unvorsätzlich begangen worden ist (ältere Satzung):

„Wer einen andern schlägt, sodaß er stirbt, der soll sterben."

b) Die unvorsätzliche Tötung (jüngere Satzung):

„Wenn er es aber nicht vorsätzlich gethan hat, sondern Gott es durch ihn so gefügt hat, so will ich (Jahwe) dir (dem Volke Israel) eine Asylstätte bestimmen, wohin er flüchten kann."

c) Die vorsätzliche Tötung (jüngere Satzung):

„Wenn aber einer gegen den anderen eine offenbare Frevelthat begeht, indem er ihn auf hinterlistige Weise totschlägt, so sollst du (das Volk Israel) ihn von meinem Altare wegholen, damit er hingerichtet werde."

2. Verbrechen wider Vater und Mutter (2.Mos. 21, 15 u. 17).

a) Das Schlagen des Vaters und der Mutter:

„Wer seinen Vater oder seine Mutter schlägt, soll sterben."

b) Das Aussprechen einer Verwünschung über Vater und Mutter:

„Wer eine Verwünschung über seinen Vater oder seine Mutter ausspricht, soll sterben."

3. Raub eines Israeliten (2. Mos. 21, 16).

„Wer einen Israeliten raubt, — mag er ihn nun in die Sklaverei verkaufen oder mag er bei ihm vorgefunden werden, — der soll sterben."

4. Ein bestimmter Fall der Körperverletzung (2. Mos. 21, 18 und 19).

„Wenn ein paar Männer einen Streit haben und einer den anderen mit einem Steine oder mit der Faust schlägt, so daß er zwar nicht stirbt, aber bettlägerig wird, so soll, wenn der Geschlagene wieder aufkommt und auf seinen Stock gestützt im Freien herumgehen kann, der Thäter frei ausgehen, bloß für die Zeit, wo jener zu Hause bleiben mußte, soll er ihn entschädigen und für seine Heilung Sorge tragen."

5. Tötung und Mißhandlung von Sklaven (2. Mose 21, 20 und 21).

„Wenn jemand seinen Sklaven oder seine Sklavin mit dem Stocke schlägt, so daß er sogleich stirbt, so soll Rache genommen werden."

„Wenn der Getroffene dagegen noch einen oder zwei Tage leben bleibt, so soll nicht Rache genommen werden; denn der Sklave ist ja sein um Geld erkauftes Eigentum."

6. Raufhandel (2. Mos. 21, 22).

„Wenn Leute einen Raufhandel haben und dabei ein schwangeres Weib stoßen, so daß sie zu früh gebiert, ohne daß weiterer Schaden geschieht, so soll der Thäter eine Buße entrichten, wie sie ihm der Ehemann des Weibes auferlegt, und er soll sie bezahlen nach dem Ausspruche von Schiedsrichtern."

7. Körperverletzung (2. Mos. 21, 23—27).

a) Die Körperverletzung an Freien:

„Geschieht ein Schaden, so soll einer lassen (Leben um Leben), Auge um Auge, Zahn um Zahn, Hand um Hand, Fuß um Fuß, Brandwunde um Brandwunde, Stichwunde um Stichwunde, Hiebwunde um Hiebwunde."

b) Die Körperverletzung an Sklaven:

„Wenn jemand seinem Sklaven oder seine Sklavin ins Auge schlägt, so daß dasselbe unbrauchbar wird, so soll er ihn zur Entschädigung für das Auge freilassen." „Und wenn er seinem Sklaven oder seiner Sklavin einen Zahn ausschlägt, so soll er ihn zur Entschädigung für den Zahn freilassen."

8. Fahrlässige Verbrechen (2. Mose 21. 28—36).

a) Tötung durch ein stößiges Rind.

1. Den Besitzer des Rindes trifft keine Schuld:

„Wenn ein Rind einen Mann oder eine Frau totstößt, so soll das Rind gesteinigt, und darf sein Fleisch nicht gegessen werden; der Besitzer des Rindes aber soll frei ausgehen."

2. Den Besitzer des Rindes trifft eine Schuld:

„Wenn aber das Rind schon längst stößig gewesen ist,

und man dies seinem Besitzer vorgehalten, und er es trotzdem nicht sorgfältig gehütet hat,
so soll das Rind, wenn es einen Mann oder eine Frau totstößt, gesteinigt werden, aber auch sein Besitzer getötet werden. Wenn ihm ein Lösegeld auferlegt wird, soll er als Lösegeld für sein Leben so viel bezahlen, als ihm auferlegt wird.

Wenn ein Knabe oder ein Mädchen gestoßen wird, so soll nach demselben Rechte mit ihm verfahren werden.

Wenn das Rind einen Sklaven oder eine Sklavin stößt, so sollen dem Eigentümer derselben dreißig Sekel Silber bezahlt, das Rind aber gesteinigt werden.

Wenn jemandes Rind das Rind eines andern totstößt, so sollen sie das noch lebende Rind verkaufen und den Erlös dafür unter sich teilen; auch das tote sollen sie unter sich teilen. Wenn es aber bekannt war, daß das Rind schon längst stößig war, und sein Eigentümer es nicht sorgfältig gehütet hat, soll er als Ersatz für jenes Rind ein Rind hergeben, das tote aber soll ihm zufallen."

b) Nichtzudecken einer Cisterne:

„Wenn jemand eine Cisterne offen läßt, oder wenn jemand eine Cisterne gräbt, ohne sie zuzudecken, und ein Rind oder ein Esel hineinfällt, so soll der Eigentümer der Cisterne den Besitzer desselben mit Geld entschädigen; das tote Tier aber soll ihm selbst gehören."

9. Viehdiebstahl (2. Mose 21, 37; 22, 2b und 3).

a) Das gestohlene Tier wird bei dem Diebe nicht mehr vorgefunden:

„Wenn jemand ein Rind oder ein Schaf stiehlt und es schlachtet oder verkauft, soll er fünf Stück Rinder für ein Rind und vier Stück Schafe für ein Schaf als Buße entrichten.

Der Dieb muß Ersatz leisten, und wenn er nichts hat, soll er als Entgelt für seinen Diebstahl als Sklave verkauft werden."

b) Das gestohlene Tier wird bei dem Diebe vorgefunden:

„Wenn das Gestohlene, es sei nun ein Rind oder ein Esel oder ein Schaf, lebendig bei ihm vorgefunden wird, so soll er je noch ein zweites Tier als Buße entrichten."

10. Ein Fall der Notwehr (2. Mos. 22, 1).

„Wenn der Dieb beim nächtlichen Einbruch betroffen und dabei totgeschlagen wird, so erwächst daraus keine Blutschuld.“

11. Hutungsverbrechen (2. Mos. 22, 4).

„Wenn jemand seinen Acker oder Weinberg beweiden, sein Vieh aber frei laufen läßt, und dieses auf einem fremden Acker etwas frißt, so soll er von dem seinigen entsprechend dem Ertrag desselben Ersatz leisten; wenn es aber den genzen Acker abweidet, soll er das Beste von dem Ertrag seines Ackers oder Weinberges als Ersatz entrichten.“

12. Brandstiftung (2. Mos. 22, 5).

„Wenn Feuer auskommt und das Gestrüpp ergreift, hernach aber auch ein Getreidehaufen und das auf den Halmen stehende Korn oder überhaupt ein Acker verbrennt, so muß der, welcher den Brand verursacht hat, das Verbrannte ersetzen.“

13. Eigentumsverbrechen (2. Mos. 22, 6—14).

a) Verpflichtungen, die sich aus dem Diebstahle hinterlegter Sachen ergeben.

1. Der Dieb ist zur Buße verpflichtet:

„Wenn einer dem anderen Geld oder Kostbarkeiten zum Aufbewahren übergeben hat und dies aus dem Hause des Betreffenden gestohlen wird, so muß der Dieb, wenn er ausfindig gemacht wird, den doppelten Betrag entrichten.“

2. Der Depositar ist zu seiner Entlastung zum Reinigungseide verpflichtet:

„Wenn der Dieb nicht ausfindig gemacht wird, so soll der Hauseigentümer vor Gott hintreten und beschwören, daß er sich am Eigentume des anderen nicht vergriffen habe.“

b) Das Gottesurteil bei den Eigentumsverbrechen:

„Bei irgend einem Eigentumsverbrechen, mag es sich um ein Rind handeln oder um einen Esel, ein Schaf ein Obergewand oder überhaupt etwas abhanden Gekommenes, von dem einer behauptet: das ist es! soll die Angelegenheit beider vor Gott gebracht werden, und der, welchen Gott für schuldig erklärt, soll dem anderen als Ersatz das Doppelte entrichten.“

c) Untergang und Verschlechterung anvertrauten Viehes.

Ist die Art des Unterganges oder der Verschlechterung

unbekannt, so steht dem, dem das Vieh anvertraut war, zu seiner Entlastung mit ausdrücklicher Genehmigung des Eigentümers der Reinigungseid zu:

„Wenn einer dem anderen einen Esel oder ein Rind oder ein Schaf, überhaupt irgend ein Stück Vieh zum Hüten übergiebt, und dieses umkommt oder Schaden nimmt oder weggeschleppt wird, ohne daß es jemand sieht, so soll ein Eid bei Jahwe den Handel entscheiden, ob er sich etwa an dem Eigentum des anderen vergriffen hat; wenn der Eigentümer diesen annimmt, braucht jener keinen Ersatz zu leisten."

Ist das anvertraute Vieh durch Diebstahl abhanden gekommen, so muß es der, dem es anvertraut war, dem Eigentümer ersetzen.

Ist das anvertraute Vieh von einem wilden Tiere zerrissen worden, und kann dieses nachgewiesen werden, so braucht mit Rücksicht darauf, daß der Untergang unverschuldet ist, kein Ersatz geleistet zu werden.

d) Untergang und Verschlechterung gemieteten Viehes.

Der Untergang oder die Verschlechterung tritt in Abwesenheit des Eigentümers des Viehes ein:

„Wenn einer von dem anderen ein Stück Vieh entleiht, und dasselbe Schaden leidet oder umkommt, ohne daß sein Besitzer zugegen gewesen ist, so muß es jener ersetzen."

Der Untergang oder die Verschlechterung tritt in Gegenwart des Eigentümers des Viehes ein:

„Wenn aber der Besitzer zugegen gewesen ist, braucht der andere keinen Ersatz zu leisten."

14. Außerehelicher Beischlaf (2. Mos. 22, 15 und 16).

„Wenn jemand eine Jungfrau, die noch unverlobt ist, verführt und ihr beiwohnt, so soll er für sie die Morgengabe entrichten und sie sich zum Weibe nehmen. Wenn sich jedoch ihr Vater entschieden weigert, sie ihm zur Frau zu geben, so soll er soviel Silber darwägen, als die Morgengabe für Jungfrauen beträgt."

15. Öffentliche Strafrechtssätze (2. Mos. 22, 17—19).

a) Zauberei:

„Eine Zauberin sollst du nicht am Leben lassen."

b) Bestialität:

„Jeder, der einem Tiere beiwohnt, soll mit dem Tode bestraft werden."

c) Götzendienst:

„Wenn jemand anstatt allein Jahwe den Götzen opfert, soll er dem Blutbann verfallen.“

III. **Strafrecht. Jüngerer Teil** (2. Mos. 22, 20 bis 23, 13). Er enthält Gebote, die wohl zur Zeit ihrer Aufnahme in das Bundesbuch formell als Strafrechtsssätze anzusehen sind, es zum großen Teile aber ihrem Ursprunge und Inhalte nach nicht sind. Sie sind von dem Priestertume geschaffen und absichtlich mit älteren Satzungen verschmolzen.

1. Schutz der Fremden (2. Mos. 22, 20; 23, 9).
2. Schutz der Witwen und Waisen (2. Mos. 22, 21—23).
3. Schutz der Armen (2. Mos. 22, 24—26).
4. Gotteslästerung und Verwünschung eines Vorgesetzten (2. Mos. 22, 27).
5. Sakrale Vorschriften (2. Mos. 22, 28—29).
6. Verbot des Genusses unreinen Fleisches (2. Mos. 22, 30).
7. Falsche Anklage (2. Mos. 23, 1—3).

   „Du sollst kein falsches Gerücht aussprengen.“

   Dieses Gebot erklärt sich aus dem israelitischen Infamationsprozesse.

   „Biete dem, der eine ungerechte Sache hat, nicht die Hand, für ihn Zeugnis abzulegen und so das Recht zu verdrehen“ u. s. w.
8. Pflicht gegenseitiger Hilfeleistung (2. Mos. 23, 4 und 5).
9. Rechtsbeugung (2. Mos. 23, 6—8).
10. Agrikulturgesetze (2. Mos. 23, 10—12). Zu ihnen gehört das Gebot:

    „Sechs Tage hindurch magst du deine Arbeit verrichten; am siebenten Tage aber sollst du feiern, damit dein Rind und dein Esel ruhe, und der Sohn deiner Sklavin sowie der Fremdling einmal aufatmen.“
11. Verbot, fremde Götter mit Namen zu nennen (2. Mos. 23, 13).

    „Den Namen anderer Götter erwähnt nicht, er soll nicht über eure Lippen kommen.“

---

§ 20. **Die zehn Gebote.**

Einleitung.

Die zehn Gebote enthalten Strafrechtssätze.[1] Die Strafsanktion ist als selbstverständlich zu ergänzen[2] und geht dahin, daß der Sünder aus der Mitte des Volkes hinweggetilgt werden soll. Dieses hat in erster Linie durch die Hand des Rächers zu geschehen. Der Dekalog beseitigt nicht die Rache, bekämpft vielmehr die sie zurückdrängende Buße. In Ermangelung eines Rächers[3] soll die Popularstrafklage und die öffentliche Strafe Platz greifen.

Die zehn Gebote sind auf zwei Steintafeln geschrieben. Die erste Steintafel enthält religiöse Satzungen, die zum Teil erst aus jüngerer Zeit stammen. Sie sind ursprünglich nicht Rechtssätze gewesen und stehen dem allgemeinen Volksbewußtsein fern. Die zweite Steintafel trägt in grauer Vorzeit geschaffene Rechtssätze, die einst die Friedloserklärung und Rache zur Folge hatten. Die Friedloserklärung ist verschwunden, die Rache zum Teil durch die Buße abgelöst worden, aber die Gebote sind im Volke festgewurzelt und werden von Geschlecht zu Geschlecht überliefert. Als Bindeglied erscheint das Gebot: „Sei ehrerbietig gegen deinen Vater und deine Mutter." Seiner Fassung nach paßt es sich den ihm vorangehenden, seiner rechtlichen Beschaffenheit nach den nachfolgenden Geboten an. Wie ein Pseudo-Isidor mit altüberliefertem und allseits anerkanntem Rechte neue von ihm geschaffene Satzungen verschmolzen hat, um auf sie die Eigenschaften jenes Rechtes zu übertragen, so sind schon einst von einem Pseudo-Mose mit altisraelitischem Gewohnheitsrechte jüngere priesterliche Satzungen verbunden worden, um auch ihnen das hohe Alter, die allgemeine Anerkennung und den Charakter als Strafrechtssätze[4] zu sichern. Was dem Volke von Alters her überkommen ist, steht ihm wie ein ewiges „göttliches" Gebot vor Augen. Wenn der Dekalog auf Mose zurückgeführt und als „Worte Gottes" ausgegeben wird, so erscheint dies dem Volke dank des religiösen Charakters der

---

[1] Ebenso Binding (Normen, S. 157): „Nichts wäre irriger, als sie alle oder auch nur die ersten fünf Gebote „der Pietät" im Gegensatze zu den letzten fünf „der Rechtschaffenheit" für rein religiöse oder sittliche und nicht für Rechtssatzungen zu halten." Anderer Ansicht Diestel (Die religiösen Delikte im israelitischen Strafrechte).

[2] Über die Thatsache, daß das Zehngebot zehn Normen und kein Strafgesetz enthält, und über ihre Begründung vgl. Binding (Normen, S. 146).

[3] So findet sich noch zur Zeit des Priesterkodex die Blutrache gesetzlich anerkannt, wenn auch mehr und mehr beschränkt. 4. Mos. 35, 12 und 30.

[4] Der den Geboten der ersten Steintafel beigefügte Segen und Fluch erweisen sich nunmehr als ein Überrest älterer Zeit.

Gebote der ersten und dank des hohen Alters der Gebote der zweiten Steintafel glaubwürdig und wird als natürlich hingenommen.[1]

Die zehn Gebote lauten:

1. Du sollst keinen anderen Gott haben neben mir.
2. Du sollst dir nicht ein gegossenes Gottesbild machen (2. Mos. 34, 17).[2]
3. Du sollst den Namen Jahwes, deines Gottes, nicht freventlich aussprechen.
4. Denke daran, den Sabbattag heilig zu halten.
5. Sei ehrerbietig gegen deinen Vater und deine Mutter.
6. Du sollst nicht töten.
7. Du sollst nicht ehebrechen.
8. Du sollst nicht stehlen.
9. Du sollst gegen deinen Nächsten nicht als falscher Ankläger auftreten.
10. Du sollst nicht Verlangen tragen nach deines Nächsten Hause.

---

§ 21. **Das erste Gebot.**[3]

„Du sollst keinen anderen Gott haben neben mir."[4]

Jahwe ist nicht der Gott, sondern ein Gott neben Göttern, und zwar der Gott des Volkes Israel. Als solcher duldet er keine Götter neben sich.[5] Er hat einen Bund mit Israel gemacht, will es be-

[1] Binding (Normen, S. 138) sieht in dem Dekaloge ein Stück altisraelitischer Tradition.

[2] Vgl. unten S. 70.

[3] Vgl. Michaelis 5. Bd. § 245. Saalschütz Kap. 66.

[4] 2. Mos. 20, 3 (E?); 5. Mos. 5, 7 (D); vgl. 2. Mos. 34, 14 (J); 3. Mos. 26, 1 (P); 5. Mos. 6, 4 (D).

In 2. Mos. 34, 15 und 16 ist dem ersten Gebote hinzugefügt: „Wenn du ein Abkommen mit den Bewohnern des Landes triffst, und sie Abgötterei treiben und ihren Göttern Opfer bringen und dich dazu einladen, so lauft ihr Gefahr, von ihrer Opfergabe zu essen, auch würdet ihr ihre Töchter für eure Söhne freien; wenn dann ihre Töchter ihren Göttern dienend Abgötterei treiben, so würden sie auch deine Söhne zu dergleichen Abgötterei verführen." Das Heiraten nichtisraelitischer Mädchen widerspricht seit Alters her der Sitte des Volkes. Schon in der Heldengeschichte wird erzählt: Als Simson ein philistäisches Mädchen zum Weibe forderte, verwiesen ihn seine Eltern auf die Töchter der eigenen Stammesgenossen. Daß es sich hier noch nicht um ein religiöses Verbrechen handelt, wird aus den Worten ersichtlich: „Aber seine Eltern wußten nicht, daß das eine Fügung Jahwes war (daß nämlich Simson ein philistäisches Mädchen zum Weibe forderte), weil er den Philistern gegenüber nach einem Anlaß suchte" (Richt. 14, 4). Vgl. die Werbung Rebekas 1. Mos. 24 (J).

[5] Hebräische Archäologie, von Benzinger, 1894, II. Kap. § 44. 1. Jahwe, der Volksgott: „Israels Gott ist freilich einer, aber einer neben anderen, wie schon daraus hervorgeht, daß er einen Eigennamen Jahwe trägt, durch den er

schützen und leiten, Israel wiederum soll ihn als seinen Gott anerkennen. Daß dieses geschieht, nimmt er mit heiligem Eifer wahr, „denn Jahwe heißt eifrig, ein eifriger Gott ist er.“[1] Mit „eifrig“ ist קַנָּא übersetzt worden, dessen Grundbedeutung, wie z. B. in 1. Mos. 30, 1, „eifersüchtig auf jemanden“ ist.[2] Jahwe ist nach der älteren Auffassung eifersüchtig auf die fremdländischen Götter, die Israel anbetet. Das erste Gebot verbietet sonach alle Handlungen, die sich als eine Verehrung eines anderen Gottes als Jahwe darstellen. Mit der Zeit vervollkommnet sich der Gottesbegriff. Jahwe ist schon nach der Auffassung des Elohisten nicht mehr ein Gott neben Göttern. Er wächst über die anderen Gottheiten empor und wird schließlich bei den Propheten von einem Nationalgotte zum Gotte der Welt. קנא verliert seine ursprüngliche Bedeutung. Jahwe kann nicht mehr auf andere Götter eifersüchtig sein, denn sie sind nichtige Götter, er erscheint nunmehr eifrig seinem Volke Israel gegenüber, indem er seine Rechte mit Eifer verteidigt. So verwandeln sich die Worte: „Denn Jahwe heißt eifrig, ein eifriger Gott ist er“ in einen Fluch, in dem Jahwe lediglich seinem Volke, nicht mehr fremdländischen Göttern gegenübergestellt wird. Um den Fluch auch auf das zweite Gebot zu beziehen, wird er diesem nachgestellt.

Daß das erste Gebot ursprünglich eine nur religiöse Vorschrift und keinen Strafrechtssatz enthalten hat, ergiebt sich

1. aus der vorjahwistischen Auffassung des Volkes von Gott (vgl. oben § 11),

2. aus dem Segen und Fluche, die dem Gebote beigefügt sind,

3. aus der Thatsache, daß sich das Gebot unter den rein religiösen Satzungen in 2. Mos. 34, 14 f. findet, die zur Zeit ihrer Abfassung im Gegensatze zu dem Bundesbuche 2. Mos. 21, 12 f. als Rechtsnormen nicht angesehen werden können.

Das erste Gebot wird nicht erst durch seine Aufnahme in den Dekalog zum Strafrechtssatz, sondern bereits durch das Bundesbuch 2. Mos. 22, 19, wo es heißt: „Wenn jemand anstatt allein Jahwe den Götzen opfert, soll er dem Blutbanne verfallen.“ Die bei wesentlich gleichartigem Inhalte so verschiedenartige Fassung von 2. Mos. 34, 14

---

sich von anderen Göttern unterscheidet. Im alten Testamente besteht Monolatrie, aber nicht Monotheismus. Daß es neben Jahwe andere Götter giebt, ist den alten Israeliten selbstverständlich, denn das Dasein anderer Völker, welche diese verehren, lehrt es ihm ja deutlich; Jahwe ist Israels Gott, wie Kamosch der Moabs und Milkom der Ammons. Für das alte Israel handelt es sich daher nicht um den Gegensatz Gott und Götzen oder Gott und Nichtgötter, sondern Jahwe und die Götter der Fremden oder der Gott Israels und die Götter anderer Völker.“

[1] 2. Mos. 34, 14.

[2] קַנָּא bedeutet ursprünglich leidenschaftlich im allgemeinen; häufig kommt es in der besonderen Bedeutung „eifersüchtig auf jemanden“ vor.

(20, 3) einerseits und 2. Mos. 22, 19 andererseits weist darauf hin, daß die Gebote verschiedenen Quellen entsprungen sind, daß das eine sich als Rechtssatz darstellt, das andere ursprünglich nicht mehr als eine nur religiöse Vorschrift war.

---

§ 22. **Das zweite Gebot.**[1]

„Du sollst dir nicht ein gegossenes Gottesbild machen.“

So lautet das Gebot in seiner ältesten, von dem Jahwisten wiedergegebenen Fassung 2. Mos. 34, 17. Etwas abweichend hiervon heißt es in 2. Mos. 20, 4 und 5. Mos. 5, 8: „Du sollst dir keinen Götzen verfertigen.“

Das zweite Gebot ist jünger als das erste. Zur Zeit, in der die Heldengeschichten abgefaßt wurden, sah man das Verfertigen eines Gottesbildes als Abbildes Jahwes noch nicht als Sünde an. In Richt. 3, 19 heißt es: „Ehud kehrte bei den Schnitzbildern am Gilgal wieder um . . .“ Gideon ließ einen Ephod, d. i. ein Gottesbild, verfertigen und in seiner Vaterstadt Ophra aufstellen.[2] Ohne irgend eine Bemerkung, daß hierin etwas Gott Mißfälliges liegt, fährt der Darsteller fort:[3] „Sodann ging Jerubbaal heim . . .“ Erst der Verfasser des auf Grund der älteren Quellen gearbeiteten deuteronomistischen Richterbuches (Ri) bemerkt den Widerspruch zu dem zweiten Gebote und fügt den Worten erklärend bei:[4] „Und ganz Israel trieb dort Abgötterei mit ihm (dem Ephod), und er wurde für Gideon und seine Familie ein Fallstrick.“ An einer anderen Stelle wird erzählt:[5] „Der Mann Micha, der war im Besitze eines Gotteshauses, dazu ließ er einen Ephod und Teraphim fertigen und stellte einen seiner Söhne an, daß er ihm als Priester diente.“ Auch hier glaubt ein jüngerer Verfasser die Worte einschalten zu müssen: „Zu jener Zeit gab es keinen König in Israel, jeder that, was ihm gut dünkte.“

Ein Beispiel der Sünde gegen das zweite Gebot wird uns 2. Mos. 32 in der Erzählung von der Abgötterei mit dem goldenen Kalbe gegeben: „Das Volk scharte sich um Aaron und forderte ihn auf: ‚Wohlan, schaffe uns einen Gott, der vor uns einherziehe!‘ Aaron verfertigte darauf ein gegossenes Kalb. Da rief die Menge: ‚Das ist dein Gott, o Israel, der dich aus Ägypten weggeführt hat.‘ Als dies Aaron sah, errichtete er einen Altar vor ihm und ließ ausrufen: ‚Morgen wird Jahwe ein Fest gefeiert!‘ Des anderen Tages früh opferten sie Brandopfer und brachten Heilsopfer dar.“ Das Volk verehrt das goldene Kalb nicht neben Jahwe, sondern diesen in ihm.

---

[1] Michaelis, 5. Bd. § 250. Saalschütz, Kap. 65.
[2] Richt. 8, 27. [3] Richt. 8, 29.
[4] Richt. 8, 27. [5] Richt. 17, 5.

Die Opfer, welche der Jahwekultus fordert, werden dargebracht, und Aaron läßt ausrufen: „Morgen wird Jahwe ein Fest gefeiert."

Jahwe wird in diesem Gebote als der überirdische, unsichtbare Gott geschützt. Es ist vor seiner Aufnahme in den Dekalog aus denselben Gründen, wie das erste Gebot, kein Strafrechtssatz gewesen.

---

§ 23. **Das dritte Gebot.**[1]

„Du sollst den Namen Jahwes, deines Gottes, nicht freventlich aussprechen, denn Jahwe läßt den nicht ungestraft, der seinen Namen freventlich ausspricht."[2]

נָשָׂא = heben, erheben; und zwar den Namen Jahwe; לַשָּׁוְא = zum Gehaltlosen, Eitlen, Falschen, Lügenhaften. Verboten ist sonach das Aussprechen des Namens Jahwe zum böslich Falschen. Dieses kann in doppelter Weise geschehen.

A) Das Aussprechen des Namens Jahwe kann erfolgen, um ihn zum Gegenstande der lügenhaften Aussage zu machen. Dieses führt zur Gotteslästerung. Als Beispiel seien angeführt:

4. Mos. 11, 1 (JE): „Das Volk beklagte sich laut gegen Jahwe, daß es ihm schlecht gehe. Als Jahwe dies vernahm, wurde er zornig. Da loderte das von Jahwe gesandte Feuer unter ihnen empor und verzehrte einen Teil des Lagers."

4. Mos. 14, 3 (JE): Das Volk rief: „Warum will uns doch Jahwe in dieses Land bringen, damit wir durch das Schwert fallen? Unsere Weiber und kleinen Kinder werden eine Beute (der Feinde) werden u. s. w." Sodann fährt der Redaktor in V. 11 fort: „Und Jahwe sprach zu Mose: ‚Wie lange soll es währen, daß mich dieses Volk verhöhnt und daß sie mir nicht Glauben schenken . . .'"

4. Mos. 21, 5 und 6 (JE): „Das Volk führte (freche) Reden wider Gott und wider Mose: ‚Habt ihr uns dazu aus Ägypten weggeführt, damit wir in der Steppe umkommen? Es giebt ja weder Brot noch Wasser, und die elende Nahrung widert uns an!' Da entsandte Jahwe wider das Volk die Brandschlangen . . ." Vgl. auch 4. Mos. 16 (Aufruhr der Rotte Korah).

Die Erzählungen haben gemein: Wer Gottes Fürsorge lügnerisch herabsetzt und verspottet, sowie an dem Versprechen, das Volk aus Ägypten zu erretten und in das gelobte Land zu bringen, zweifelt und Zweifel erregt und dadurch das, was wahr ist, unwahr macht, der verfällt Jahwes Zorn, denn er spricht seinen Namen freventlich aus.

---

[1] Michaelis, 5 Bd. § 251. Saalschütz, Kap. 64.

[2] 2. Mos. 20, 7; 22, 27; 5. Mos. 5, 11. Das dritte Gebot findet sich nicht unter den Bundesworten 2. Mos. 34.

Die Gotteslästerung ist meist Ausdruck des Aufruhrs gegen Jahwe[1] und begegnet uns häufig in der Form des Fluches.[2]

B) Das Aussprechen des Namens Jahwe kann erfolgen, um eine lügenhafte Aussage zu erhärten. Dieses führt zum Meineide. Die Anrufung Gottes zur Bestärkung einer Behauptung oder eines Versprechens geschieht durch den Schwur. Kennzeichnet sich dieser in erster Linie als eine Beteuerung, so ist er insofern als eine Art Fluch aufzufassen, als der, der den Schwur ausspricht, Jahwe zur Rüge gegen sich selbst verpflichtet für den Fall, daß er, der Schwörende, die Unwahrheit spricht oder das abgegebene Versprechen nicht hält.

Der Fluch war bei den Israeliten außerordentlich beliebt und wurde von religiöser Seite nicht bekämpft.[3] Er ist meist hypothetisch gefaßt[4] und besteht darin, daß Gottes Strafe für den Fall herabgefordert wird,[5] daß eine bestimmte Handlung geschieht[6] oder nicht geschieht,[7] oder auch, daß eine Thatsache vorliegt[8] oder nicht vorliegt.[9]

---

[1] Vgl. die oben angeführten Stellen 4. Mos. 14, 3 und 4. Mos. 14, 11 mit 4. Mos. 14, 33 (JE?), wo das Murren des Volkes als „Auflehnung" bezeichnet wird.

[2] 3. Mos. 24, 11 f. (P); 2. Mos. 22, 27; 1. Kön. 21, 10 und 13.

[3] Bekämpft wurde nur das Schwören bei anderen Göttern als Jahwe. Jer. 5, 7; 12, 16; Zeph. 1, 5; Hos. 4, 15; Am. 8, 14; 5. Mos. 6, 13 (D); 10, 20 (D).

[4] Z. B. „Verflucht sei jeder, der etwas ißt." 1. Sam. 14, 24.

[5] Dieses geschieht in der verschiedenartigsten Form. „Gott thue dir dies und das . . ." 1. Sam. 3, 17; „Verflucht sei . . . " 1. Sam. 14, 24; „Töten möge dich der Herr . . ." Jes. 65, 15; „Jahwe mache dich Zedekia und Ahab gleich, die der König von Babel im Feuer geröstet hat!" Jer. 29, 22; vgl. 4. Mos. 5, 21 (P); Hiob 31, 8, 10, 22, 40.

Auch in den Worten: „Jahwe sei Zeuge wider uns" liegt ein bedingter Fluch. Jeremia sagt (Jer. 42, 5): „Jahwe soll wahrhaftiger und zuverlässiger Zeuge wider uns sein, wenn wir nicht genau der Weisung gemäß handeln werden, mit der Jahwe, dein Gott, dich zu uns sendet." Handelt eine der beiden Parteien nicht streng nach der Weisung, so soll gegen ihn Jahwe selbst als Ankläger und Rächer auftreten. Ähnlich 1. Mos. 31, 50 (J): „Wenn du etwa meine Töchter schlecht behandeln oder noch mehr Weiber zu meinen Töchtern hinzunehmen wolltest, — wenn niemand bei uns ist, bedenke wohl, Gott ist Zeuge zwischen mir und dir!" Einen bedingten Fluch enthält demnach auch der Reinigungseid; vgl. 2. Mos. 22, 10; 1. Kön. 8, 31 f.; vgl. 1. Sam. 12, 5: „Da sprach Samuel: ‚Jahwe sei Zeuge euch gegenüber, und sein Gesalbter sei heute Zeuge, daß ihr in meiner Hand nichts gefunden habt.' Sie riefen: ‚Jawohl!' Da sprach Samuel zum Volke: ‚Zeuge sei Jahwe, der Mose und Aaron erschaffen . . .' "

[6] Z. B. 1. Sam. 14, 24; 1. Mos. 31, 50 (J).

[7] Z. B. „Gott thue mir dies und das, wenn du mir irgend etwas von dem verhehlst . . ." 1. Sam. 3, 17.

[8] So z. B. bei dem Gottesurteile, das bei einem Weibe zur Anwendung gebracht wurde, das des Ehebruches verdächtig ist. 4. Mos. 5 11 f. (P). Der daselbst in V. 21 ausgesprochene Fluch soll eintreten, wenn das Weib sich vergangen, die Pflicht gegen ihren Mann verletzt und sich verunreinigt hat.

[9] Bezog sich der Fluch auf eine andere Person wie die, die ihn aus-

Die übliche Formel des Schwures ist: „So wahr Jahwe lebt.“ So sagte z. B. Boas zu Ruth:[1] „Bleibe die Nacht hier, wenn er dich dann am Morgen löst, gut, so mag er es thun, hat er aber keine Lust, dich zu lösen, so werde ich dich lösen, so wahr Jahwe lebt!“ Der König Zedekia schwur dem Jeremia insgeheim:[2] „So wahr Jahwe lebt, der uns dieses Leben geschaffen hat, — ich werde dich nicht töten, noch werde ich dich der Gewalt jener Männer, die dir nach dem Leben trachten, überliefern.“

Da bei der Gotteslästerung zunächst Jahwe die Vergeltung der ihm persönlich angethanen Kränkung zukommt, muß es auch dem Schwure widersprechen, wollte man bei Eintritt der Bedingung die Bestrafung gleichsam Gott vorwegnehmen.[3] Eine Folge hiervon ist, daß bei dem Meineide[4] und fahrlässigen Falscheide es vornehmlich Gott zu sühnen gilt, daß dagegen eine weltliche Strafe ausgeschlossen bleibt.

Aus dem Gesagten geht hervor, daß das dritte Gebot ein Strafrechtssatz ursprünglich nicht gewesen ist, worauf auch die ihm beigefügten Worte hinweisen: „Denn Jahwe läßt den nicht ungestraft, der seinen Namen freventlich ausspricht.“

---

§ 24. **Das vierte Gebot.**[5]

In 2. Mos. 20, 8 heißt es: „Denke daran, den Sabattag heilig zu halten“, und in 5. Mos. 5, 12: „Beobachte den Sabbattag, daß du ihn heilig haltest.“ Der Jahwist in 2. Mos. 34, 21 sagt: „Sechs Tage hindurch magst du arbeiten, aber am siebenten Tage sollst du ruhen.“[6] 2. Mos. 23, 12 begründet die Vorschrift vom rein humanen

sprach, so bedurfte er in der Regel der ausdrücklichen Annahme seitens des Bedrohten, was gewöhnlich durch die Formel „So geschehe es!“ (4. Mos. 5, 22) oder „So sei es!“ (5. Mos. 27, 15 f.) erfolgte. Vgl. 1. Sam. 14, 27.

Der Fluch stellte sich als das Mittel dar, ein Versprechen zu erhärten (Jer. 38, 16; 42, 5), den Gegenkontrahenten an einen Vertrag zu binden (1. Mos. 31, 50), diente vornehmlich als Zwangsmittel zur Zeugenaussage und erscheint bei dem Reinigungseide als gesetzliches Beweismittel (2. Mos. 22, 10; 3. Mos. 5, 20 f. und 1. Kön. 8, 31 f.). Über das Rügeverfahren vgl. 3. Mos. 5, 1; Richt. 17, 2; Spr. 29, 24.

[1] Ruth 3, 13.

[2] Jer. 38, 16. Vgl. auch Richt. 8, 19; 2. Sam. 2, 27.

[3] Vgl. 1. Kön. 8, 31 und 32.

[4] Vgl. Binding (Normen, S. 139, Anm. 14).

[5] Saalschütz, Kap. 68.

[6] Riehm (Gesetz) nennt das vierte Gebot ein ceremoniell gottesdienstliches Gebot.

Standpunkte aus: „Sechs Tage hindurch magst du deine Arbeit verrichten, am siebenten Tage aber sollst du feiern, damit dein Rind und dein Esel ruhe, oder der Sohn deiner Sklavin, sowie der Fremdling einmal aufatme.“ Daß die Glosse 2. Mos. 20, 9 ff. von verschiedener Hand herrührt, geht aus den Worten: „Weder dein Sohn, noch deine Tochter, — weder dein Sklave noch deine Sklavin“ hervor, denn aus dem Fehlen des Bindewortes ו vor עַבְדְּךָ erhellt, daß das „Weder dein Sklave noch deine Sklavin“ später angefügt worden ist. Bei dem Deuteronomiker (5. Mos. 5, 15) findet sich diese Unebenheit nicht mehr.

So verschieden die Fassung des Gebotes, so klar ist sein Inhalt. Geboten wird das Heilighalten des Sabbats.[1] Dieses erfolgt durch ein äußeres Merkmal, das Aussetzen der Arbeit. Wer am Sabbattage arbeitet, entheiligt ihn. Sonach enthält auch das vierte Gebot ein Verbot. Verboten sind alle Handlungen, die sich als Entweihung des Sabbats erweisen. Vgl. die zahlreichen Interpretationen 2. Mos. 31, 12 f. (P); 35, 2 f. (P); 3. Mos. 26, 2 (P); 4. Mos. 15, 32 f. (P); 2. Mos. 34, 18 (J); vgl. auch 3. Mos. 25, 3 (P).

Da der Sabbat bei den vorjahwistischen Darstellern keine Erwähnung findet, scheint das Gebot verhältnismäßig jung zu sein. Es bekommt, wie die vorhergehenden Gebote, erst durch seine Aufnahme in den Dekalog formell den Charakter eines Strafrechtssatzes.

---

§ 25. Das fünfte Gebot.[2]

„Sei ehrerbietig gegen deinen Vater und deine Mutter, damit du lange lebest auf dem Boden, den dir Jahwe, dein Gott, zu eigen geben wird.“ 2. Mos. 20, 12. Etwas erweitert ist die Fassung in 5. Mos. 5, 16.

Mehr noch als das vierte Gebot erscheint das fünfte als eine nur ethische Vorschrift. Geboten wird Ehrerbietung gegen Vater und Mutter, verboten jede Mißachtung gegen sie. Diese wie jene sind rein psychische Momente und sinnlich nicht erkennbar. Es fehlt das, was im Gegensatze zu einem nur ethischen Gebote eine notwendige

---

[1] Riehm, Sabbat: „Die Sabbatfeier war eine immer wiederkehrende Erinnerung an den Bund zwischen Jehova und seinem Eigentumsvolke und an die Absicht, in welchem Jehova diesen Bund geschlossen hatte. Darum ist der Sabbat, wie die Beschneidung, Bundeszeichen (2. Mos. 31, 13, 17), und seine Feier hat den Zweck, daß Israel erkennen soll, Jahwe sei der, der es heiligt.“ 2. Mos. 31, 13; Hes. 20, 12.

[2] Michaelis, 5. Bd. § 293. Saalschütz, Kap. 85.

Voraussetzung der strafrechtlichen Norm ist: die Thatseite. Will demnach das fünfte Gebot eine rechtliche Norm geben, so kann es nur Handlungen verbieten, die sich als Mißachtung des Vaters oder der Mutter darstellen.

Eine Übertretung des fünften Gebotes giebt:

1. Die vom Jahwisten überlieferte Erzählung 1. Mos. 9, 20 f. (J). In der Thatsache, daß Ham die Blöße Noahs sieht, findet der Verfasser eine Mißachtung, die dem Vater erwiesen wird, wie besonders aus dem Gegensatze zu dem Benehmen Sems und Japhets hervorgeht, die in kindlicher Pietät „rückwärtsgehend" die Blöße ihres Vaters zudecken. Der Fluch Noahs ist die Strafe Jahwes.[1]

2. Die beiden Satzungen im Bundesbuche 2. Mos. 21, 15 und 17:

a) Du sollst nicht deinen Vater oder deine Mutter schlagen;
b) Du sollst nicht über deinen Vater oder über deine Mutter eine Verwünschung aussprechen.

Daß es sich hier um eigentliche Rechtssätze handelt, beweist einmal der Umstand, daß sich die beiden Verbote in dem ältesten uns hinterbliebenen Rechtsbuche finden, ergiebt sich aber auch aus 3. Mos. 20, 9 (P): „Denn jedermann, der seinem Vater und seiner Mutter flucht, soll sterben; seinem Vater und seiner Mutter hat er geflucht, — Blutschuld lastet auf ihm."

Diese beiden Strafrechtssätze bilden offenbar die Grundlage des bei weitem jüngeren Gebotes des Dekaloges, auf das sich nach der Absicht des Verfassers ihre Eigenschaft als Rechtssätze, das Alter und die allgemeine Anerkennung übertragen sollen.

Das sittlich religiöse Gepräge, das das fünfte Gebot, wie es uns vorliegt, aufweist, wie vor allem der beigefügte Segen, aus dem sich schließen läßt, daß bei einer Übertretung Gott, nicht aber die Eltern, als die unmittelbar Verletzten gefaßt werden, erklärt sich aus dem Versuche, den Unterschied zwischen den rein priesterlichen Vorschriften der ersten vier Gebote und den profanen Strafrechtssätzen der zweiten Steintafel zu überbrücken.

---

[1] Im Segen und Fluche kommt der Wille Gottes zum Ausdrucke. Anstatt eines Fluches muß Bileam einen Segen über Israel aussprechen. 1. Mos. 23. Spricht der Patriarch den Segen, so ist er Organ Jahwes. Was Isaak Jakob verheißt, glaubt er Esau zu verheißen, und als dieser auch für sich einen Segen erfleht, spricht er zu ihm, seinem Lieblingssohne, Worte, die eher Böses als Gutes verkünden.

§ 26. Das sechste Gebot.[1]

„Du sollst nicht töten“.[2]

Es ist dieses Gebot ein in ältester Zeit entwickelter Rechtssatz, bei dessen Übertretung die Friedloserklärung[3] und Blutrache[4] geboten waren. Er hat sich dem Volke erhalten, ungeachtet der jüngeren Unterscheidung zwischen vorsätzlicher und unvorsätzlicher Tötung.[5]

Bei dem Jahwisten erscheint die vorsätzliche Tötung als Sünde.[6]

---

§ 27. Das siebente Gebot.[7]

„Du sollst nicht ehebrechen“.[8]

Es sind in der Geschichte dieses Gebotes zwei Auffassungen scharf von einander zu scheiden.

1. Die ältere Auffassung findet sich in 2 Sam. 11, 4, wo es heißt: „Nun, — nachdem David den Namen des Weibes (Bathseba) erfahren, — schickte er Boten hin und ließ sie holen. Sie kam zu ihm und er wohnte ihr bei . . . Darauf kehrte sie nach Hause zurück.“ Ist in dem Verse, der diesen Worten vorangeht, beschrieben, wie in David die sinnliche Begierde erwacht, so tritt auch hier David als der allein handelnde Teil auf. Er schickt hin und läßt Bathseba holen. Daß sie kommt, wird als selbstverständlich schlicht hinzugefügt. Er wohnt ihr bei. Nicht wird erwähnt, daß Bathseba den König zum Ehebruche verführen wollte, nichts von einer Gemütsbewegung in ihr angedeutet.

Nathan vergleicht Uria mit einem armen Manne, dessen ganzer Besitz in einem einzigen Lamme besteht. Wie der Reiche dieses einzige Lamm dem armen Manne genommen hat, hat auch David dem Uria das Weib genommen. Noch mehr, als in der Geschichte von dem Ehebruche, begegnet uns in dem Gleichnisse des Propheten das Weib nur als Gegenstand der Freude. Der Ehebruch wird mit einem Diebstahle verglichen. Bildet bei diesem

---

[1] Saalschütz, Kap. 71 f.
[2] 2. Mos. 20, 13; 5. Mos. 5, 17.
[3] Vgl. oben § 4 f. Brudermord. [4] Vgl. oben § 2.
[5] Vgl. § 13 und die Bestimmungen im Bundesbuche § 19.
[6] Daß in 2. Mos. 2, 11 f. (E) Gottes Zern und Strafe ausbleibt, findet in dem Feindschaftsverhältnisse der Israeliten zu den Ägyptern seine Erklärung.
[7] Michaelis, 5. Bd. § 259 f. Saalschütz, Kap. 80.
[8] 2. Mos. 20, 14; 5. Mos. 5, 17.

die gestohlene Sache das Objekt des Verbrechens, so bei jenem das Weib. Nicht Bathseba, sondern David allein ist Subjekt des Verbrechens; nur er hat Ehebruch verübt.

Dieser Auffassung entsprechen die Erzählungen 1. Mos. 20 (E) und 1. Mos. 12, 11 f. (J). Abraham bittet Sarah, sie möge sich doch als seine Schwester ausgeben, damit es ihm wohlgehe. Daß Sarah gehorcht und alles mit sich geschehen läßt, wird als selbstverständlich angesehen. Demgemäß setzen der Pharao und Abimelech lediglich Abraham wegen des von ihm und Sarah geübten Betruges zur Rede. Der Pharao sagt: „Was hast du mir da gethan? Warum sagtest du mir nicht, daß sie dein Weib ist?" Ähnlich lautet die Frage Abimelechs: „Was hast du uns angethan? Was habe ich gegen dich verschuldet, daß Du über mich . . ." Beiden Fürsten liegt der Gedanke fern,[1] daß auch Sarah die Pflicht gehabt hätte, sie aufzuklären, und ihnen nicht Willens sein durfte. Ihr werden daher auch keine Vorwürfe gemacht, hat sie doch zu thun, was ihr Abraham befiehlt. Sie ist als sein Werkzeug nicht fähig, das Verbrechen des Ehebruchs zu begehen, was einmal aus der Stellung der Frau bei den alten Israeliten folgt,[2] sodann sich daraus erklärt, daß ursprünglich von einem Verbrechen nur insoweit gesprochen werden kann, als es ein Recht zur Rache giebt. Da die Rache ein Gleichheitsverhältnis voraussetzt, ist es begrifflich ausgeschlossen, daß der Gatte sie an seinem Weibe nimmt, da dieses seiner Familiengewalt untersteht.

2. Dieselben Erzählungen (2. Sam. 11; 1. Mos. 12 und 1. Mos. 20), die, wie soeben ausgeführt ist, noch ältere Spuren an sich tragen, weisen auch auf eine jüngere Auffassung hin, nach der der Ehebruch weniger ein Verbrechen gegen den hintergangenen Ehegatten der Verführten, als vor allem eine Sünde wider Jahwe ist.

Nathan, der Prophet, kommt zu David und hält ihm als Organ Jahwes seine schwere Sünde vor: „Warum hast du Jahwes Wort gering geachtet und gethan, was ihm mißfällt? Den Hethiter Uria hast du mit dem Schwert erschlagen und sein Weib hast du zum Weibe genommen, ihn selbst aber hast du durch das Schwert der Ammoniter ermordet!" Hierauf heißt es nach einem kurzen Vermerke

---

[1] Daß Gottes Zorn über Pharao und Abimelech, nicht auch über Abraham kommt, erklärt sich aus der israelitischen Anschauung, nach der Abraham das Recht hat, sein Weib preiszugeben, um sich das Leben zu retten. Er handelt im Notstande. Vgl. Richt. 19, 22 f. und 1. Mos. 19, 8 (J).

[2] Riehm (Ehe): Die Ehefrau ist hebräisch „die von einem Herrn Besessene". In 2. Mos. 20, 17 ist sie neben Knecht, Magd u. s. w. gestellt. Vgl. Nowack, 1, § 63. Eherecht.

[3] 2. Sam. 12, 9.

des Redaktor:[1] „David sprach zu Nathan: ‚Ich habe mich gegen Jahwe versündigt‘. Nathan erwidert David: ‚So hat dir auch Jahwe deine Sünde vergeben, du wirst nicht sterben. Weil du aber durch deine Handlungsweise Jahwe Verachtung bewiesen hast, so muß nun der Sohn, der dir geboren ward, sterben.‘“ David hat Jahwe Verachtung bewiesen, weil er sein Wort gering geachtet und seinem Gebote zuwider gehandelt hat. Daher Gottes Zorn und Strafe, die an und für sich keine geringere ist, als der Tod des Sünders. Nur infolge der sofortigen Reue nimmt Jahwe den Tod des Sohnes als Sühne an.

Gott kam des Nachts im Traume zu Abimelech und sprach zu ihm: „Du mußt sterben wegen des Weibes, das du weggenommen hast, denn sie ist eine Ehefrau“. Der Tod ist die sofortige Antwort Gottes auf das Verbrechen.

Als das Weib des Potiphar Joseph versuchte, erwiderte dieser:[2] „Wie sollte ich dieses schwere Unrecht begehen und mich wider Gott versündigen?“ Der Jahwist läßt Joseph, an dessen Verherrlichung ihm liegt, trotz aller Verlockung treu an dem Gebote Jahwes festhalten.

Das Verbrechen des Ehebruchs ist zur Sünde geworden, denn Gott wird jetzt als der allein Verletzte gefaßt. Er fordert den Tod des Schuldigen, da gegen seinen Willen gehandelt worden ist. Nunmehr ist auch das Weib des Ehebruchs fähig. „Und[3] wenn jemand Ehebruch treibt mit einem Eheweib, wenn jemand Ehebruch treibt mit dem Weibe seines Nächsten, soll sowohl der Ehebrecher, als die Ehebrecherin mit dem Tode bestraft werden.“ „Wenn[4] jemand dabei betroffen wird, daß er einer verheirateten Frau beiwohnt, so sollen sie alle beide sterben sowohl der Mann, der der Frau beiwohnte, als auch die Frau. So sollst du das Böse aus Israel hinwegtilgen.“

So stammt auch das siebente Gebot aus ältester Zeit, ein Rechtssatz, der im Falle seiner Übertretung die Friedloserklärung geboten und das Recht zur Rache gegeben hat, in jüngerer Zeit aber um Gottes Willen die Bestrafung des Sünders fordert.

---

[1] 2. Sam. 12, 13. [2] 1. Mos. 39, 9 (J).
[3] 3. Mos. 20, 10 (P).
[4] 5. Mos. 22, 22 (D). Die starke Hervorhebung, daß alle beide sterben sollen, weist auf den früheren Rechtszustand hin.

§ 28. Das achte Gebot.[1]

„Du sollst nicht stehlen“[2] (גנב).

Seit Alters her ist im israelitischen Rechte der Eigentumsbegriff scharf ausgeprägt. Das Gesamteigentum ist nicht zur Entwickelung gekommen. Schon Kain und Abel führen eine getrennte Wirtschaft. Der eine ist Ackerbauer, der andere Schafhirt. Abraham trennt sich von Lot, weil Zwietracht zwischen seinen Hirten und denen des Lot entsteht. Ist das Eigentum der beiden Vettern schon bei der fahrenden Habe scharf geschieden, so geht der Wunsch Abrahams dahin, dieses auch bei Grund und Boden durchzuführen. Jakob hat bei seinem Oheim Laban ein gesondertes Vermögen.[3]

Dem Diebstahle sind folgende beide Verbrechensmerkmale wesentlich:

1. Die Entwendung der Sache aus fremdem Besitze zum Zwecke rechtswidriger Aneignung.

גנב heißt wörtlich entfernen, beseitigen, nehmen.

Rahel nimmt den Götzen ihrem Vater,[4] Benjamin in dem ihm untergeschobenen Verbrechen den goldenen Becher seinem Bruder Joseph weg.[5]

Nathan erzählte dem Könige:[6] „Der Reiche nahm das Lamm des armen Mannes und bereitete es dem Manne zu, der ihn besucht hatte.“

Der Diebstahl umfaßt sonach die Unterschlagung nicht mit, wie denn auch das Bundesbuch zwischen beiden Verbrechen scharf scheidet.[7]

2. Heimlichkeit. גנב bedeutet auch täuschen[8] (*κλέπτειν*). Die Heimlichkeit kennzeichnet sich durch ein Verheimlichen. Wer eine Sache verheimlicht, von dem wird vermutet, daß er sie auf heimliche Weise erworben hat.[9] Das Verheimlichen ist nicht ein zweites Verbrechen, das dem Diebstahle nachfolgt, sondern Erscheinungsform des sich heimlichen Aneignens. Über die listige Weise, mit der Rahel die entwendete Sache vor ihrem Vater verbirgt, berichtet 1. Mos. 31, 34 und 35 (E). Der Becher, der von dem Hausmeister Josephs gesucht wird, findet sich im Sacke Benjamins[10] und die von Achan gestohlenen Geräte sind in dessen Zelte vergraben.[11] Im Bundesbuche

---

[1] Michaelis, 5. Bd. § 282 f. Saalschütz, Kap. 77.
[2] 2. Mos. 20, 15; 5. Mos. 5, 17.
[3] Vgl. die bezeichnende Frage des Pharisäers über den Zinsgroschen.
[4] 1. Mos. 31, 19 (E). [5] 1. Mos. 44 (J). [6] 2. Sam. 12, 4.
[7] 2. Mos. 21, 37; 22, 2, 3 verglichen mit 22, 6 f.
[8] Z. B. in 1. Mos. 31, 27 (J).
[9] Wie z. B. auch bei vorangehender Feindschaft der Vorsatz vermutet wird.
[10] 1. Mos. 44, 12 (J). [11] Jos. 7, 22.

22, 3 heißt es: „Wenn das Gestohlene, es sei nun ein Rind oder ein Esel oder ein Schaf, lebendig bei ihm vorgefunden wird, so soll er (der Dieb) noch ein zweites als Buße entrichten.“ Das Vorfinden setzt ein Suchen, das Suchen ein Verheimlichen voraus.

Ist dem Bestohlenen die Wiedererlangung der entwendeten Sache unmöglich gemacht worden, so wird der Diebstahl als qualifiziert angesehen. Dieses ist insbesondere dann der Fall, wenn der Dieb die Sache vernichtet hat.[1] Dem Vernichten steht das Verkaufen gleich.

Wie bereits oben darauf hingewiesen worden ist, geht aus den Bestimmungen des Bundesbuchs unverkennbar hervor, daß bei dem Diebstahle die Rache außer Gebrauch gekommen ist, und die Buße allgemeine Anerkennung gefunden hat.

Eine logische Folge der Aufnahme des achten Gebots in den Dekalog wäre nun, daß jeder Diebstahl als Übertretung einer von Gott gegebenen Norm dessen Zorn und Strafe herausfordern und das Volk mit Schuld belasten müßte. Dieses würde sich jedoch in schroffen Widerspruch zu der im Volke festgewurzelten Rechtsanschauung stellen, nach der in dem Diebstahle lediglich eine Verletzung des Bestohlenen liegt, die durch Zahlung der Buße gehoben wird. Daher ist die bezeichnete Konsequenz von dem Jahwisten und Elohisten nicht gezogen worden. Es heißt zwar: „Derjenige,[2] bei dem du deinen Gott findest, der soll nicht am Leben bleiben,“ aber die Worte weisen nicht darauf hin, daß ein Gebot Gottes übertreten ist, und daß dieser die Strafe fordert. Der Tod des Schuldigen wird von Jakob versprochen nicht um Jahwes, sondern um Labans willen, um letzterem für das erlittene Unrecht Genugthuung zu geben.

Als die Brüder Josephs beschuldigt wurden, sich einen Becher widerrechtlich angeeignet zu haben, gelobten sie Joseph eine Sühne für den Fall, daß sich bei einem von ihnen der Becher finden sollte.[3]

Hieraus folgt, daß der Diebstahl, bei dem die öffentliche Strafe zur Zeit der Abfassung des Dekaloges undenkbar ist, da eben die Buße allgemeine Anerkennung gefunden hat, als Sünde nicht angesehen werden kann. Sollte daher die altüberlieferte Satzung, die in den Folgen ihrer Übertretung von dem Morde und Ehebruche eine abweichende Entwickelung genommen hat, mit unter die zehn Gebote aufgenommen werden, dann mußte ihr, um sie diesen anzupassen, eine neue Bedeutung gegeben werden.

---

[1] 2. Mos. 21, 37, wozu unmittelbar 2. Mos. 22, 3 gehört; „Wenn jemand ein Rind oder ein Schaf stiehlt und es schlachtet oder verkauft.“ Vgl. hierzu 2. Sam. 12, 4.

[2] 1. Mos. 31, 32 (E). [3] 1. Mos. 44, 9 (J).

Es kann demnach durch das achte Gebot als Bestandteil des Dekaloges lediglich die rechtswidrige Aneignung von gebanntem Gute (res sacrae) als verboten gelten.[1] Diese Aneignung betonen schon der Jahwist und Elohist in den von ihnen überarbeiteten Erzählungen von dem Sündenfalle und Achans Diebstahle, und zwar als eine Verletzung Jahwes (Sünde), bei der die Buße schlechthin ausgeschlossen bleibt.

Daß ersterer Erzählung ein Verbrechen zu Grunde liegt, ist hinsichtlich seiner Wirkungen bereits dargethan, aber auch das „Nehmen und Essen“ und der Umstand, „daß Adam und Eva nach begangener That sich unter den Bäumen des Gartens zu verstecken suchen“ (Heimlichkeit), legen den Gedanken nahe, daß das, was uns in religiös-philosophischem Gewande entgegentritt, in seiner ältesten Form den Thatbestand eines Diebstahls bildet. Ganz anders die jüngere Überlieferung des Jahwisten. Nach ihr handelt es sich um eine Sünde, der ein doppeltes wesentlich ist: ein Zuwiderhandeln wider ein speziell von Gott gegebenes Gebot und ein Sichvergreifen an dem, was nur Jahwe zukommt.

Die gleiche Metamorphose hat sich in der Darstellung von Achans Diebstahle vollzogen, wo in der älteren Fassung zweifellos von einem Diebstahle berichtet wird: „Die Israeliten[2] haben einen Diebstahl begangen, sie haben das Gestohlene verheimlicht, haben sie es ja doch unter ihr Geräte gethan.“ In der Überarbeitung dagegen tritt der Diebstahl als nebensächlich zurück. Achan hat gesündigt, weil er gegen Gottes ausdrücklichen Willen gehandelt und sich an dem Gute vergriffen hat, das Jahwe vorbehalten ist: „Die Israeliten[3] haben sich versündigt; haben sie doch die Verfügung, die ich ihnen gegenüber getroffen habe, übertreten und sich von dem Geweihten etwas angeeignet.“

[1] Binding (Normen, S. 140) will durch das achte Gebot den Menschendiebstahl verboten wissen. 2. Mos. 21, 16; 5. Mos. 24, 7 (D). Michaelis, 2. Bd. S. 61 f.; Saalschütz, 2. Bd. S. 553, 554.

[2] Jos. 7, 11 (J E), Satz 2. Kautzsch übersetzt: „Die Israeliten haben sowohl einen Diebstahl begangen als auch das Gestohlene verheimlicht . . .“ Das Verheimlichen ist ein Verbrechensmerkmal des Diebstahls und geschieht dadurch, daß das Gestohlene unter das Geräte gethan wird. Es ist nicht eine neue, dem Diebstahle folgende Handlung, sondern Bestandteil desselben.

[3] Jos. 7, 11.

§ 29. Das neunte Gebot.[1]

„Du sollst gegen deinen Nächsten nicht als falscher Ankläger auftreten.“[2] [3]

עָנָה bedeutet seinem Wortstamme nach „zum Ziele, Gegenstande des Strebens machen, sich mit etwas beschäftigen.“

עָנָה בְּ = „für oder gegen Jemanden Zeugnis ablegen“.

Die Worte führen nur zwei Personen vor Augen und weisen nicht auf die Mitwirkung Dritter, wenn auch aus ihrer Anwendung hervorgeht, daß das Zeugnis in der Regel vor Dritten abgelegt wird, sei es vor der Öffentlichkeit schlechthin oder vor Richtern.[4]

עֵד, pl. עֵדִים = „Zeuge“, auch von leblosen Dingen, „Erinnerungszeichen“, z. B. in 1. Mos. 31, 44, 48; mit בְּ endweder „für“ jemanden, wie in Jes. 55, 4 (Zeuge von Gottes Macht und Größe), oder „gegen“ jemanden, wie in Mich. 1, 2, so auch in 2. Mos. 20, 16 und in 5. Mos. 5, 17.

עָנָה עֵד בְּ = „als Ankläger gegen jemanden aussagen“.

Die hier gegebene Üebersetzung des neunten Gebotes steht mit folgenden Rechtssätzen in Übereinstimmung:

4. Mos. 35, 30: „Wenn jemand einen Menschen erschlägt, so soll man auf Grund der Aussage von Anklägern den Mörder hinrichten, doch soll auf die Aussage nur eines Anklägers hin niemand zum Tode verurteilt werden.“

5. Mos. 19, 16: „Wenn gegen irgendwen ein frevelhafter Ankläger auftritt (קום), um ihn einer Übertretung anzuklagen (ענה), so sollen sich die beiden Männer, die den Streit haben, vor Jahwe stellen.“

---

[1] Michaelis, 6. Bd. § 282 und § 299 f. Saalschütz, Kap. 78.

[2] 2. Mos. 20, 16; 5. Mos. 5, 17. Kautzsch übersetzt: „Du sollst gegen deinen Nächsten nicht als falscher Zeuge aussagen.“

[3] Vgl. Nowack, 1. Bd. § 60.

[4] Gesenius legt in den älteren Auflagen dem Worte ענה die Bedeutung „entgegentreten“ zu Grunde, wodurch das Wesen des israelitischen Prozesses, insbesondere der Anklage, vorzüglich gekennzeichnet wurde. Unzutreffend ist die Bemerkung, die sich auch noch in der neusten Auflage des Wörterbuches unter Nr. 2 bei עָנָה בְּ findet. Es heißt daselbst: „עָנָה בְּ Zeugnis ablegen (eigentlich dem fragenden Richter antworten) für jemanden, meistens aber gegen jemanden.“ Dieser Übersetzung widerspricht 1. Sam. 12, 3: „Tretet gegen mich auf vor Jahwe und seinem Gesalbten.“ Jahwe und der Gesalbte sind als Richter zu denken, die zwischen Samuel und seinen Anklägern entscheiden sollen. „Gegen wen“ jemand auftritt, drückt das Wort ב aus, „vor wem“ das von dem Verbum unabhängige נגד. Soll ענה ב heißen „Zeugnis ablegen“, „dem Richter“ zu ergänzen, d. h. wörtlich ihm antworten, so denkt sich Gesenius durch ענה den Richter als den Fragenden, dem Zeugen, als dem „Antwortenden“, gegenübergestellt. Durch das ב würde dann eine dritte Person, der Beschuldigte, eingeführt. Nach Gesenius kommt durch ב ענה ein dreiseitiges, in 1. Sam. 12 dagegen nur ein zweiseitiges Verhältnis zum Ausdruck.

5. Mos. 19, 15: „Ein einziger Ankläger soll gegen niemand aufkommen, wenn es sich um irgend ein Verbrechen oder Vergehen, — irgend eine Verfehlung, die einer begehen kann, — handelt; erst auf die Aussage von zwei oder drei Anklägern hin soll eine Sache Gültigkeit haben.“

Das Aussagen erweist sich als ein feindliches Auftreten gegen den Verbrecher, der dadurch zum Beschuldigten wird, nicht als ein unparteiisches Wiedergeben des Wahrgenommenen vor einem Richter.

Der Ankläger ist Partei. Daß das mosaische Recht in bestimmten Fällen mehrere Ankläger fordert, macht sie nicht zu Zeugen.

Wie der Ankläger zur Bestärkung seiner Behauptung Helfershelfer gestellt hat, wird auch der Angeklagte sich bemüht haben, zum Nachweise seiner Unschuld Fürsprecher für sich zu gewinnen. Die Ankläger einerseits und der Beklagte und seine Fürsprecher andererseits haben sich im Prozesse gegenübergestanden.

Solange die Privatstrafe (Rache, Buße) zur Anwendung kam, blieb ein Prozeß in dem Sinne, daß vor einem unparteiischen Dritten verhandelt wurde, und dieser das Recht der Rache oder Buße zu- oder aberkannte, ausgeschlossen. Der Verletzte erhielt dieses Recht unmittelbar durch das Verbrechen und schritt zur Rache oder nahm eine Buße, ohne daß es eines Prozesses bedurfte,[1] wie sich denn auch in dem älteren Teile des Bundesbuches die falsche Anklage noch unerwähnt findet, auch das Asylrecht und die Einrichtung der Zufluchtsstädte unverständlich wäre, wenn man annehmen wollte, das Recht zur Rache würde ausdrücklich durch Urteil zugesprochen, da schon durch dieses der Totschläger sichergestellt werden könnte. Die Anklage im Sinne des achten Gebotes dagegen setzt einen geregelten Prozeß voraus, der sich erst mit der öffentlichen Strafe entwickelt haben kann. Wie bei dem germanischen Infamationsprozesse ist auch hier der Ankläger quivis ex populo. Die Anklage zielt grundsätzlich auf keine andere Strafe, wie auf die Tötung (Steinigung) des Schuldigen. Dieses geht in erster Linie aus den oben in § 18 entwickelten Grundsätzen hervor, folgt aber auch aus 5. Mos. 19, 18 und 19, wo es heißt: „Und die Richter sollen sorgfältig untersuchen, und stellt sich heraus, daß der Ankläger ein lügenhafter Ankläger war, daß er Lügen gegen seinen

[1] Auch die Friedloserklärung erweist sich mit der Zeit als überflüssig, da die Familie und Gemeinde nach Einigung des Volkes in ihrer Eigenschaft als in sich abgeschlossene Gemeinschaften an Bedeutung verlieren, und damit die Auffassung, daß der Verletzte durch seine Zugehörigkeit sie verschuldet, sich mehr und mehr verwischt, wie sich andererseits der Gedanke der Verschuldung des Volkes durch den Einzelnen entwickelt.

Volksgenossen ausgesagt hat, so sollt ihr über ihn als Strafe verhängen, was er über seinen Volksgenossen zu bringen gedachte, und sollst so das Böse aus deiner Mitte hinwegtilgen.“ Angenommen, der Privatstrafe ginge die Anklage voran, dann wären unter anderen folgende Fälle denkbar:

A klagt B fälschlich an, er habe einen Ochsen gestohlen. A hätte alsdann als Buße die Summe zu zahlen, die auf dem Diebstahle eines Ochsen steht. Ist A zahlungsunfähig, so würde er Sklave des B.

A klagt den B fälschlich an, er habe ihm ein Auge ausgeschlagen. A hätte dem B die Bußsumme zu zahlen, die zur Loslösung der Rache für das Ausschlagen eines Auges erforderlich ist. Kann A die Summe nicht zahlen, so stände es B zu, durch thatsächliche Vollziehung der Rache in der Form der Talion sich Befriedigung zu schaffen.

Beide hier angeführten Fälle stellen sich in Widerspruch zu den Worten: „Du sollst so das Böse aus deiner Mitte hinwegtilgen.“

Die geringe Bedeutung des neunten Gebotes in der Zeit vor Abfassung des Dekaloges und die Aufnahme in ihn geben einen Beweis dafür, daß die Übertretung eines der zehn Gebote eine öffentliche Strafe nach vorheriger Popularstrafklage zur Folge hat.

Ein vortreffliches Beispiel der Anklage und der sich unmittelbar daran anschließenden Vollstreckung giebt die Erzählung von der Steinigung Naboths. Es heißt:[1] „Die beiden nichtswürdigen Buben (die von Isabel bestochen waren), setzten sich Naboth gegenüber und zeugten wider ihn angesichts des Volkes und sprachen: ‚Naboth hat Gott und dem Könige geflucht!‘ Hierauf führten sie ihn hinaus vor die Stadt und steinigten ihn zu Tode.“ Diese Worte zeigen, daß selbst zu Ahabs Zeit der Prozeß sich lediglich zwischen den Parteien abgespielt hat, und Richter noch ganz fehlen. Neben den Parteien wird nur das Volk, angesichts dessen die Ankläger auftreten, erwähnt. Unter ihm sind die Ältesten zu verstehen, die als Repräsentanten der einzelnen Familien und der Gemeinde die Öffentlichkeit vertreten. Sie sollen nicht mehr, als Zeugen davon sein, daß sich der Prozeß rechtmäßig vollzieht.[2]

---

[1] 1. Kön. 21, 13.

[2] Die Ältesten im alten Testamente. Dissertatation von Otto Seesemann, Leipzig 1895, S. 24: „In Fällen wie 5. Mos. 21, 19 f.; 22, 21 f. heißt es ganz allgemein weiter: Dann soll man ihn oder sie töten. Mit der Feststellung der Schuld war das Todesurteil bereits gegeben und brauchte weder von den Ältesten, noch von sonst jemand erst besonders gesprochen zu werden; es folgte ohne weiteres die Vollstreckung der Hinrichtung, und diese lag der ganzen Gemeinde ob.“

Allmählich fallen dann den Ältesten vereinzelte richterliche Aufgaben zu, die sich ihrem Wesen nach als Überreste der alten Familiengewalt darstellen.

Erst in jüngster, nachexilischer Zeit finden sich neben den Ältesten Richter im eigentlichen Sinne.[1]

Das zehnte Gebot.

Das zehnte Gebot ist in zwei von einander abweichenden Fassungen erhalten:

2. Mos. 20, 17 (E?).

„Du sollst nicht Verlangen tragen nach deines Nächsten Hause. Du sollst nicht Verlangen tragen nach deines Nächsten Weibe, noch nach seinem Sklaven, seiner Sklavin, seinem Ochsen, seinem Esel, noch nach irgend etwas, was deinem Nächsten gehört."

5. Mos. 5, 18 (D).

„Du sollst nicht Verlangen tragen nach deines Nächsten Weibe, noch sollst du Verlangen haben nach dem Hause deines Nächsten, oder nach seinem Felde, seinem Sklaven, seiner Sklavin, seinem Ochsen oder Esel oder nach irgend etwas, was deinem Nächsten gehört."

Abweichend von 2. Mos. 20, 17 ist in 5. Mos. 15, 18, — vielleicht im Zusammenhange mit Mich. 2, 2, — hinzugefügt: „oder nach seinem Felde", ferner sind die Worte: „Du sollst nicht Verlangen tragen nach deines Nächsten Weibe" vorangestellt. Nach der älteren Lesart enthält der Satz: „Du sollst nicht Verlangen tragen nach deines Nächsten Hause" den Text des Gebotes, während die folgenden Worte als eine aus späterer Zeit stammende Interpretation erscheinen. Dieses ergiebt sich schon daraus, daß die Norm bei dem älteren Elohisten eine hervorgehobene Stellung einnimmt und einen selbständigen, in sich abgeschlossenen Satz bildet. Die jüngeren Zusätze, die von ihr getrennt sind, werden durch ו zu einem Ganzen zusammengeschweißt, ohne dadurch ihrerseits ein neues Gebot zu bilden. Sie sind verschiedenen Alters, wie aus der weiteren Fassung in 5. Mos. 15 hervorgeht. Inhaltlich stehen sie mit der Norm in engem Zusammenhange.

[1] Seesemann, S. 23; vgl. auch 5. Mos. 16, 18; 19, 16 f.: „Wenn gegen irgend wen ein frevelhafter Zeuge auftritt, um ihn einer Übertretung anzuklagen, so sollen sich die beiden Männer, die den Streit haben, vor Jahwe stellen, vor die Priester und die Richter, die zu dieser Zeit vorhanden sein werden, und die Richter sollen sorgfältig untersuchen, und stellt sich heraus . . ." Durch die Worte: „die zu dieser Zeit vorhanden sein werden", deutet der Verfasser an, daß die Richter erst der jüngsten Zeit bekannt sind.

Das von seinen Zusätzen geläuterte Gebot heißt:

„Du sollst nicht Verlangen tragen nach deines Nächsten Hause."

חָמַד = „etwas begehren", „wonach streben".

Es ist möglich

1. ein Verlangen nach geschlechtlicher Befriedigung,
2. ein Verlangen nach vermögensrechtlicher Bereicherung.

בַּיִת = das „Haus", in der wörtlichen Bedeutung: Gebäude; übertragen: Familie, Weib, Kinder und übrige Hausbewohner (1. Mos. 7, 1; 12, 17; 35, 2; 42, 19); schließlich das, was im Hause ist, Hausstand, Vermögen, Besitz; es entspricht daher im Wesentlichen dem griechischen Worte οἶκος.

In 5. Mos. 15 ist בַּיִת gleich Haus, Gebäude zu verstehen, da es sich neben Feld, Sklave, Ochse, Esel u. s. w. findet, ohne daß diese Begriffe ihm als Bestandteile untergeordnet werden.

In 2. Mos. 20 wird בַּיִת in seiner weiteren Bedeutung gebraucht. Sklave, Sklavin, Ochse u. s. w. bilden lediglich eine Interpretation des Wortes בַּיִת, das alle die in ihr gegebenen Begriffe umfaßt.

Ebensowenig, wie das vierte und fünfte Gebot eine Vorschrift enthält, die nur das Gewissen bindet, verbietet das zehnte Gebot einen nur psychischen Zustand. Dort wie hier fehlt es bei einer Zuwiderhandlung an der dem Verbrechen wesentlichen Thatseite nicht.

1. Nach der älteren Auslegung verbietet das zehnte Gebot alle Handlungen, die aus einem sinnlichen Begehren nach einer einem fremden Hause unterstehenden Person hervorgehen und sich als ein Angriff auf den Frieden dieses Hauses darstellen. Ein Beispiel wird in 1. Mos. 19 von dem Jahwisten und in der Parallelstelle Richt. 19, gegeben. Die Triebfeder der verbrecherischen Handlung sowohl der Leute von Sodom wie der von Gibea ist das Verlangen nach geschlechtlicher Befriedigung. Als Opfer ihrer Gelüste haben sie die Fremden erkoren, die in dem Hause des Lot und des Ephraimiten weilen. Gastfreunde zu schützen, ist Pflicht des Hausherrn, denn sie unterstehen dem Frieden seines Hauses. Wird dieses von den Leuten der Stadt umringt, indem sie durch Drohung und mit Gewalt die Auslieferung der Fremden fordern, so ist das als Hausfriedensbruch aufzufassen. Er veranlaßt Jahwe zu den Worten: „Das Geschrei über Sodom und Gomorra, das ist groß, und ihre Verschuldung, wahrlich sie ist schwer", ebenso spricht mit Bezug auf diesen Hausfriedensbruch der Engel zu Lot von einer „Sündenschuld" der Stadt. Beide Äußerungen beweisen, daß nach der Auffassung des Jahwisten die Übertretung des zehnten Gebotes den Charakter einer Sünde angenommen hat, indem sie die Strafe Gottes herausfordert. Daß andererseits das Verbrechen in ältester Zeit, wie der Totschlag, Ehebruch und Diebstahl, das Erfordernis der Friedloserklärung und

der Rache mit sich gebracht hat, folgt aus der Erzählung von Israels Rache an dem Stamme Benjamin wegen der in Gibea verübten Schandthat.

2. Nach der jüngeren, nachjahwistischen Auslegung verbietet das zehnte Gebot, sich gewaltsam einer fremden Person oder Sache zu bemächtigen (Raub). Diese Handlung wird als die Thatseite zu dem in dem Gebote allein betonten Begehren gefaßt. „Begehren[1] sie Felder, so reißen sie (sie) an sich, oder Häuser, so nehmen sie (sie) weg. Sie gehen mit Gewalt vor gegen die Person und ihre Habe, gegen den Herrn und sein Besitztum."

„Wessen[2] Ochse oder wessen Esel habe ich weggenommen? Wen habe ich bedrückt, wem Gewalt angethan?"

Als Beispiel einer Übertretung dieses Gebotes sei schließlich auf 1. Kön. 21 hingewiesen.

[1] Mich. 2, 2. [2] 1. Sam. 12, 3.

Verzeichnis
der in der Arbeit angeführten Stellen des alten Testamentes.

Die am Ende der Zeilen stehenden Zahlen beziehen sich auf die Seiten.

Druck von Metzger & Wittig in Leipzig.

Kolibri 360 GmbH
Ferdinand-Jühlke-Straße 7
99095 Erfurt, Deutschland
produktsicherheit@kolibri360.de